新 HSK 汉语学习与考试系列教程

HSK 汉语学习与考试教程

综合练习（四级）

杨书俊　张　洁　主编

中国人民大学出版社

·北京·

HSK(Level IV) Examination Guide
汉语水平考试（四级）应试指南

The HSK (Level IV) is intended for students who have mastered 1,200 commonly used words. As everyone knows, the written test of new HSK exam consists of levels from one to six. The requirements for students' vocabulary are different with each level. As the level rises, so does the requirements. For example, HSK level 3 requires students' vocabulary to reach 600 words, and HSK level 4 requires 1,200 words. Obviously, the questions will definitely focus on examining the additional 600 words in HSK level 4. Therefore, HSK level 4's candidates have to master the newly added 600 words.

The HSK level 4 written test consists of 100 questions which are divided into three parts: listening comprehension, reading and writing. The brief explanations of every part's content and examination techniques are presented as follows.

1. Listening

All questions in the listening comprehension part are heard only once. It is required to answer the 45 questions in 30 minutes. The answer time for each item in every part is: the first part around 10 seconds; the second and third part around 17 seconds.

Part I contains 10 items. The test taker will listen to each item only once. For each item, one person says a short paragraph and the other person will say a sentence based on the paragraph. The sentence is also given on the test paper, and the test taker should judge whether the content of the sentence is right or wrong.

Part II contains 15 items. The test taker will listen to each item only once. For each item, two persons make a dialogue of two sentences, and another person will raise a question based on the dialogue. 4 options are given on the test paper and the test taker should select the right answer based on what he/she has heard.

Part III contains 20 items. The test taker will listen to each item only once. In this part, each item contains a dialogue of 4 to 5 sentences or a short paragraph, and one or two questions will be raised based on the dialogue or paragraph. For each item, 4 options are given on the test paper and the test taker should select the right answer based on what he/she has heard.

Examination techniques:

(1) Familiarize yourself with the ways in which the questions are usually raised.

HSK's questioning approach is kind of modeled. Being familiar with this questioning approach, the candidates can win time and energy. According to the real test paper published by Hanban, it can be generalized as follows:

Question details:

Questioning approach:	Topic of the questions:
——几点 / 几月 / 什么时候? ——多长时间?	Ask the time
——在哪儿 / 在哪里?	Ask the location
——谁……?	Ask the person
——多少（钱）?	Ask for the digits/figures
——怎么（去、吃……）?	Ask the manner
——男的（女的）（最可能）是做（干）什么的？/ 说话人是谁?	Ask the occupation/identity etc.
——男的（女的）要做 / 找 / 吃 / 看 / 担心 / 打算 / 准备做什么?	Ask about the behavior/plans
——男的（女的）怎么了?	Ask the situations/changes etc.
——他们 / 说话人（最可能）是什么关系?	Ask about the relationships

Question manner/viewpoint etc.

Questioning approach:	Topic of the questions:
——男的（女的）觉得怎么样? ——男的（女的）是什么看法 / 态度? ——男的（女的）怎么看? ——他 / 她心情怎么样?	Ask about the attitude
——为什么……?	Ask about the reason
——男的（女的）主要是什么意思? ——男的（女的）有什么意见?	Ask about the viewpoint

——他们 (这段话) 在谈 / 介绍什么? ——关于男的（女的），可以知道什么? ——根据对话，可以知道什么? ——这段话主要想告诉我们什么? ——关于……，下列哪个正确?	Ask the contents of a dialogue(or a paragraph)

(2) You have to be good at predicting the topic and the focal point of the questions according to the four ABCD options.

In the listening comprehension test, the candidates can all—more or less—predict what the speakers are talking about and what they will be asked according to the provided ABCD four options on the exam paper. The candidates shall make use of the known/existing information to guide themselves. While waiting, they shall focus on the related information.

2. Reading

It is required to answer the 40 questions in 35 minutes. The propositional answer time for every question in every part is: the first part around 40 seconds; the second part around 30 seconds and the third part around 1 minute.

Part I contains 10 items. For each item, one or two sentences will be given with one blank, and the test taker should select a choice from the options to make the sentence(s) complete.

Part II contains 10 items. For each item, 3 sentences will be given and the test taker should put them in the right order.

Part III contains 20 items. In this part, each item is a short paragraph with one or two questions, and the test taker should select the right answer from the 4 options.

Examination techniques:

The first part of the exam will mainly focus on the examinees' mastering of nouns, verbs and adjectives and other notional words (sometimes it can also contain function words, especially adverbs). The examinees should master the syntactical functions and morphological features of the vocabularies for HSK level 4 (especially the newly added 600 words) so as to judge the part of speech, meaning and usage of the vocabularies mentioned above. The examinees should be familiar with the placement of these vocabularies. When answering the questions, the examinees have to understand the sentences or the dialogues to avoid making a sentence that is grammatically correct but illogical in meaning.

The second part of the exam will mainly focus on the examinees' mastering of relative words and the logical structure within Chinese sentences. Firstly, the examinee must understand the meaning of the three short sentences and make the best of the connecting words within the sentences. If the sentences are not explicitly connected, the examinee should clearly understand the logical relations within the three short sentences, and thus determine the sentence order.

The emphasis of the third part of the test is the candidates' understanding of the meaning of the HSK level 4 vocabulary in the specific texts, and the ability to generalize or induce the state of mind and subjective attitudes of the author and the text characters. Correspondingly, in this part, the questions are further divided into three types: questions about the details, questions about the articles' main idea and questions about the authors' and text characters' subjective intent.

For these questions which focus on details, the candidates should look for the keywords in the questions to help them find the related sentence or paragraph, and to quickly determine the appropriate answer from the four ABCD options.

For questions about the articles' main idea, candidates should attach importance to the sentences at the beginning or in the end of the article, since the core is usually located in the first or last sentence of the article. Of course there are also some articles that do not have a clear-cut main sentence, then the candidates must generalize it according to the logic of the sentences.

For subjective intent questions, the candidates must pay close attention to the sentences that involve subjective preference and generalizing words, especially transitional sentences, exclamatory sentences, rhetorical questions and other special patterns, and thus to be able to deduce the author's or characters' subjective point of view or intent in the article.

3. Writing

It is required to answer the 15 questions in 25 minutes. The propositional answer time for every question in every part is: the first part around 1.5 minutes; the second part around 1 minute.

Part I contains 10 items. For each item, several Chinese words are given and the test taker is required to write a sentence with these words.

Part II contains 5 items. For each item, a picture and a Chinese word are given and the test taker is required to use this word to write a sentence based on the picture.

Examination techniques:

The first part aims to test the copying skills as well as the grasp of the basic Chinese sentence patterns and orders. The candidates firstly have to make sure that they have not mistaken the transcription of the characters. Then they should pay close attention to the position of subject, predicate, object and modifier.

The second part mainly aims to test the ability to integrate the newly added words from HSK level 4 and to form sentences talking about a picture. The candidates must ensure that the grammar and semantics are placed properly in the sentences and in close connection with the picture content. They should also express themselves with different sentence patterns as much as possible.

Lastly, what must be reminded is that the candidates have to write the answers firstly on the test paper, and in 10 minutes before the end, copy it on the answer sheet.

汉语水平考试（四级）应试指南
HSK(Level IV)Examination Guide

HSK（四级）主要面向掌握了 1 200 个常用词语的考生。众所周知，新 HSK 考试笔试包括一到六级，每一级对考生词汇量的要求是不同的，级别越高，要求的词汇量越大，如 HSK（三级）要求考生的词汇量达到 600 个，HSK（四级）则要求词汇量达到 1 200 个，显而易见，出题者一定会着重考查 HSK（四级）新增的 600 词。因此，HSK（四级）的应试者应该**熟练掌握这新增的 600 词**。

HSK（四级）笔试共 100 题，分为听力、阅读、书写三部分，下面简要介绍每一部分的内容及应试技巧。

一、听力

听力试题每题都只听一遍，要求 30 分钟答完 45 道题。每部分的答题时间为：第一部分 10 秒左右，第二部分和第三部分 17 秒左右。

第一部分，共 10 题。每题听一次。每题都是一个人先说一小段话，另一人根据这段话说一个句子，试卷上也提供这个句子，要求考生判断对错。

第二部分，共 15 题。每题听一次。每题都是两个人的两句对话，第三个人根据对话问一个问题，试卷上提供 4 个选项，考生根据听到的内容选出答案。

第三部分，共 20 题。每题听一次。这部分试题都是 4 到 5 句对话或一小段话，根据对话或语段问一到两个问题，试卷上每题提供 4 个选项，考生根据听到的内容选出答案。

应试技巧：

1. 熟悉常见的提问方式。

HSK 的提问方式较为模式化，熟悉这些提问方式将为考生赢得获胜的时间和精力。根据汉办公布的真题，现总结如表 0—1、表 0—2。

表 0—1   问细节

提问方式	提问内容
——几点/几月/什么时候？ ——多长时间？	问时间
——在哪儿/在哪里？	问地点
——谁……？	问人
——多少（钱）？	问数字
——怎么（去、吃……）？	问方式
——男的（女的）（最可能）是做（干）什么的？/说话人是谁？	问职业、身份等
——男的（女的）要做/找/吃/看/担心/打算/准备做什么？	问行为计划
——男的（女的）怎么了？	问情况、变化等
——他们/说话人（最可能）是什么关系？	问人物关系

表 0—2   问态度、观点等

提问方式	提问内容
——男的（女的）觉得怎么样？ ——男的（女的）是什么看法/态度？ ——男的（女的）怎么看？ ——他/她心情怎么样？	问态度
——为什么……？	问原因
——男的（女的）主要是什么意思？ ——男的（女的）有什么意见？	问观点
——他们(这段话)在谈/介绍什么？ ——关于男的（女的），可以知道什么？ ——根据对话，可以知道什么？ ——这段话主要想告诉我们什么？ ——关于……下列哪个正确？	问对话/一段话的内容

2. 善于根据 ABCD 四个选项来预测话题及提问焦点。

    大多数听力题，考生都可以根据考卷上提供的 ABCD 四个选项大致预测出说话人所谈论的内容以及提问的焦点，考生应尽可能利用已知信息指导自己稍后的听辨行为，将注意焦点集中到相关的信息上。

二、阅读

    阅读题要求 35 分钟答完 40 道题，每部分的建议答题时间为：第一部分每题在 40 秒内完成，第二部分每题在 30 秒内完成，第三部分每题在 1 分钟左右完成。

    第一部分，共 10 题。每题提供一到两个句子，句子中有一个空格，考生要从提供的

选项中选词填空。

第二部分，共 10 题。每题提供 3 个句子，考生要把这 3 个句子按顺序排列起来。

第三部分，共 20 题。这部分试题都是一小段文字，每段文字带一到两个问题，考生要从 4 个选项中选出答案。

应试技巧：

第一部分所考查的主要是考生对名词、动词和形容词等实词（偶尔也会出现虚词，尤其是副词）的掌握情况，考生应掌握 HSK 四级词语尤其是新增 600 词中常用词的词性、词义及用法，熟悉这些词语在句中的常见使用位置。在答题时还要理解句子或对话的内容，以免造成语法正确而句子意思不通的情况。

第二部分所考查的主要是考生对关联词语和汉语句子之间逻辑结构的掌握情况。考生首先应分别理解三个短句的意思，并充分利用句中出现的关联词语。如果没有关联词语等明显标记，可根据三个短句各自的意思，理清三个短句之间的内在逻辑关系，从而确定句子出现的先后顺序。

第三部分考查的重点是考生对 HSK（四级）词汇在文中的具体含义的理解以及对文章大意和作者或文中人物的主观态度和情绪的概括或归纳能力。相应地，这一部分的提问也主要分为三类：细节性问题、文章主旨问题以及作者（或文中人物）的主观意图问题。

对于细节性问题，考生可根据提问中的信息关键词，去文章中寻找和定位问题答案所在的句子或段落，并对照 ABCD 四个选项，快速确定最恰当的答案。

对于文章主旨问题，考生应重视短文开头和结尾部分的句子，因为短文的中心句一般位于第一句话或者最后一句话。当然，也有一些短文没有明确的主旨句，这就需要考生根据句与句之间的内在逻辑关系来归纳和概括。

对于主观意图问题，考生需要注意一些带有主观倾向和概括性词语的句子，尤其是转折句、感叹句和反问句等特殊句型，从而推断作者或文中人物的主观想法或意图。

三、书写

书写题要求考生 25 分钟答完 15 道题。第一部分的建议答题时间为每题一分半钟左右，第二部分为每题一分钟左右。

第一部分，共 10 题。每题提供 4 到 5 个词或短语，要求考生用这几个词语写一个句子。

第二部分，共 5 题。每题提供一张图片和一个词语，要求考生结合图片用这个词语写一个句子。

应试技巧：

第一部分主要考查考生抄写的能力以及考生对汉语基本句型和基本语序的把握。考生首先要保证汉字的抄写无误，注意主语、谓语、宾语以及修饰语的位置。

第二部分主要考查考生结合图片运用 HSK（四级）新增词造句的能力。考生要注意所造句子在保证语法、语义正确的基础上，紧密结合图片内容，并尽量选用不同句型表达。

最后，需要提醒考生的是，答题时应先在试卷上作答，考试结束前 10 分钟再把答案写在答题卡上。

目 录
CONTENTS

新汉语水平考试 HSK（四级）

模拟试题一

注　意

一、HSK（四级）分三部分：

    1.听力（45题，约30分钟）

    2.阅读（40题，40分钟）

    3.书写（15题，25分钟）

二、听力结束后，有5分钟填写答题卡。

三、全部考试约105分钟（含考生填写个人信息时间5分钟）

一、听力

第一部分

⊙ 第1~10题：判断对错。

例如：我想去办个借书证，明天下午你有时间吗？陪我去一趟图书馆。

★ 他打算明天下午去图书馆。 （✓）

身高只有一米六，他是世界上最著名的矮个子篮球运动员。他曾经说过："篮球不只是让那些高个子打的，也是给那些喜欢它的人们打的。"

★ 他是个高个子的篮球运动员。 （✗）

1. ★ 他想一个人去看那个新电影。 （ ）

2. ★ 我昨天晚上睡得很好。 （ ）

3. ★ 同事们都很累。 （ ）

4. ★ 哥哥知道我不喜欢他送给我的车。 （ ）

5. ★ 他在银行已经工作三年了。 （ ）

6. ★ 他已经住进新家了。 （ ）

7. ★ 小王最近身体不太好。 （ ）

8. ★ 他常常在这个网站听歌。 （ ）

9. ★ 昨天晚上下雨了。 （ ）

10. ★ 他昨天头很疼。 （ ）

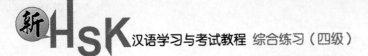

第二部分

⊙ **第 11~25 题：请选出正确答案。**

例如： 女：来北京好多年了吧？你觉得北京和你的家乡在气候上有什么区别？

男：夏天都差不多，只是冬天北京比较冷，而我的家乡更暖和。

问：他们在谈什么？

A. 文化　　　　B. 风景　　　　C. 职业　　　　D. 气候 ✓

11. A. 老师　　　　B. 记者　　　　C. 警察　　　　D. 学生
12. A. 结婚　　　　B. 工作　　　　C. 留学　　　　D. 考试
13. A. 电影院　　　B. 音乐厅　　　C. 图书馆　　　D 体育馆
14. A. 加班　　　　B. 出差　　　　C. 请客　　　　D. 办签证
15. A. 开车　　　　B. 吃饭　　　　C. 散步　　　　D. 跑步
16. A. 小说　　　　B. 杂志　　　　C. 手机　　　　D. 电视
17. A. 打电话　　　　　　　　　　B. 发传真
　　C. 交到办公室　　　　　　　　D. 发电子邮件
18. A. 四楼　　　　B. 五楼　　　　C. 六楼　　　　D. 七楼
19. A. 100 元　　　B. 200 元　　　C. 300 元　　　D. 400 元
20. A. 酸的　　　　B. 甜的　　　　C. 辣的　　　　D. 咸的
21. A. 请客　　　　B. 搬家　　　　C. 考试　　　　D. 回家
22. A. 沙发　　　　B. 冰箱　　　　C. 书桌　　　　D. 衣服
23. A. 看书　　　　B. 上班　　　　C. 看病　　　　D. 睡觉
24. A. 学校　　　　B. 车上　　　　C. 商店　　　　D. 球场
25. A. 认真　　　　B. 幽默　　　　C. 马虎　　　　D. 友好

第三部分

⊙ **第 26~45 题：请选出正确答案。**

例如：男：小姐，您好，这是您的房卡。

女：谢谢！你们的餐厅在哪儿？

男：从这儿往前走，左边就是。

女：好，谢谢！

问：男的最可能是做什么的？

A. 演员　　　　B. 记者　　　　C. 售货员　　　　D. 服务员 ✓

26. A. 医院　　　　B. 学校　　　　C. 宾馆　　　　D. 超市

27. A. 耐心　　　　B. 幽默　　　　C. 活泼　　　　D. 冷静

28. A. 开心　　　　B. 吃惊　　　　C. 失望　　　　D. 激动

29. A. 去他家　　　B. 打电话　　　C. 发传真　　　D. 发邮件

30. A. 迟到了　　　B. 下班了　　　C. 走错路了　　D. 记错时间了

31. A. 超市　　　　B. 医院　　　　C. 商店　　　　D. 银行

32. A. 7 月 5 号　　B. 7 月 7 号　　C. 7 月 10 号　　D. 7 月 12 号

33. A. 旅游　　　　B. 考试　　　　C. 工作　　　　D. 留学

34. A. 停电了　　　B. 电脑坏了　　C. 电脑丢了　　D. 忘记密码了

35. A. 电影院　　　B. 音乐厅　　　C. 图书馆　　　D. 体育场

36. A. 生活方式　　B. 环境保护　　C. 购物习惯　　D. 教育方式

37. A. 洗衣粉　　　B. 购物袋　　　C. 垃圾桶　　　D. 塑料袋

38. A. 游客　　　　B. 老师　　　　C. 导游　　　　D. 司机

39. A. 寄信　　　　B. 发邮件　　　C. 发传真　　　D. 打手机

40. A. 参观　　　　B. 开会　　　　C. 看电视　　　D. 听广播

41. A. 电视　　　　B. 广播　　　　C. 杂志　　　　D. 网站

42. A. 电影　　　　B. 电视　　　　C. 音乐　　　　D. 京剧

43. A. 听音乐　　　B. 散散步　　　C. 洗个澡　　　D. 看电视

44. A. 教室　　　　B. 图书馆　　　C. 食堂　　　　D. 办公室
45. A. 校长　　　　B. 老师　　　　C. 学生　　　　D. 律师

二、阅读

第一部分

⊙ **第 46~50 题：选词填空。**

　　A. 压力　B. 严格　C. 复杂　D. 坚持　E. 毕业　F. 尊重

例如： 同事间当然应该互相信任、互相支持、互相（F）。

46. 他这个人是不推不动，一定得给他点儿（　　　）才行。

47. 你们现在讨论的问题是一个很（　　　）的问题。

48. 四年前刚来南京学汉语的时候，我自己也没想到这几年我能（　　　）下来。

49. 在老师的（　　　）要求下，我们的汉语水平都有了很大的提高。

50. 老朋友（　　　）十年才见这么一次面，肯定得好好地聊个够。

⊙ **第 51~55 题：选词填空。**

　　A. 生活　B. 厉害　C. 精彩　D. 硕士　E. 效果　F. 重新

例如： A: 你认识小张吗？

　　　　B: 小张是我最好的朋友，他常常在（A）上帮助我。

51. A: 你要去体育馆看足球比赛？

　　B: 是啊，在体育馆看足球和在电视上看足球（　　　）大不一样。

52. A: 你哥哥参加工作了吗？

　　B: 我哥哥今年（　　　）毕业，准备继续读博士。

53. A: 他的中文说得真好。

B: 他不仅中文（　　），还是个"中国通"呢。

54. A: 你喜欢今天的晚会吗？

B: 今天的晚会真是太（　　）了!

55. A: 你的签证下来了吗？

B: 哎，被拒绝了。我得（　　）申请一次。

第二部分

⊙ 第 56~65 题，排列顺序。

例如: A. 然而在红海里

B. 不会游泳的人最怕掉进水里

C. 人可以躺在水面上不会沉下去　　　B　A　C

56. A. 一人一半

B. 妈妈只好把它一分为二

C. 两个孩子都想吃那个苹果　　　_____

57. A. 她帮助我复习中文

B. 我想给她一些钱

C. 可是她说什么也不要　　　_____

58. A. 和我们一起吃晚饭吧

B. 就别走了

C. 你既然来了　　　_____

59. A. 可他现在病了

B. 你还是去看看他吧

C. 虽然你和小张过去有过不愉快的事儿　　　_____

60. A. 今天进城

B. 我妈让我顺便到您家看看

C. 向您问好啊 _____

61. A. 想继续读大学

B. 中学毕业后

C. 就要参加大学入学考试 _____

62. A. 老王因为要带四个孩子

B. 所以日子不好过

C. 还要赚钱养家 _____

63. A. 开始了共同的新生活

B. 两位老人结婚了

C. 一年以后 _____

64. A. 这究竟是好事儿

B. 越来越多的职业女性又走回家庭，走进厨房

C. 还是坏事儿呢 _____

65. A. 可有人说现在房价太贵，还是租房好

B. 小王想买房

C. 他不知道到底该怎么办 _____

第三部分

⊙ 第 66~85 题：请选出正确答案。

例如： 在中国生活的三年使他在音乐方面有了很多新的想法，他把京剧的一些特点增加到自己的音乐中，取得了很好的效果。

★根据这段话，可以知道他：

A. 很热情   B. 会唱京剧

C. 受到京剧影响 ✓   D. 离开中国三年了

66. 王红的父母根本不能理解她不生孩子的想法。他们说："结了婚，

当然要生孩子，这是很自然的事。既然不要孩子，那为什么要结婚呢？"

★ 王红父母不能理解她：

A. 不结婚   B. 不离婚   C. 不工作   D. 不生孩子

67. 短短 10 年时间，杨先生把一个小小的工厂发展成了一个大企业。他现在的困难是，妻子与孩子还没搬来大陆，为了家庭和工作的需要，他得在台北、深圳、广州三个地方来回跑。

★ 杨先生现在的困难是：

A. 搬家很麻烦   B. 企业发展难

C. 工作比以前辛苦   D. 路上花了很多时间

68. 每个国家都有自己的节日，也有自己独特的过节方式。中国也一样。中国最重要的传统节日当然是春节。除了春节以外，中国还有元宵节、中秋节等等。

★ 中国最重要的传统节日是：

A. 春节   B. 元旦   C. 中秋节   D. 元宵节

69. 研究显示，如果在主路上行走，人们呼吸的污染物的量大约等于吸烟 48 分钟造成的效果。为了减轻道路污染对我们身体造成的损害，专家建议，我们应该避免在主路上行走，避免与主路上车辆的尾气直接接触。走路时尽量别靠近车辆行驶的位置，离得越远越好。

★ 这段话主要是说，走路的时候最好：

A. 别抽烟   B. 边走边唱   C. 远离主路   D. 注意安全

70. 孔子早在 2000 多年前就教育他的学生要诚实。他认为，在学习中知道的就说知道，不知道的就说不知道，这才是对待学习的正确态度。

★ 孔子认为对待学习的态度应该是：

A. 诚实   B. 准确   C. 严格   D. 兴奋

71. 《三国演义》是中国第一部完整的长篇历史小说。作者罗贯中是元末明初人。他根据历史书和民间流传的三国故事写了这部小说。

★《三国演义》是一本什么小说？

A. 历史 　　　　B. 爱情 　　　　C. 法律 　　　　D. 科技

72. 小杨大学毕业以后，开了一家广告公司。他带着几个朋友苦干了几年，现在生意越来越好，公司发展得很快，已经有四五十人了。

★ 根据这段话，可以知道他：

A. 开了公司 　　　　　　　B. 喜欢交朋友

C. 不爱做生意 　　　　　　D. 想继续学习

73. 中国人喜欢喝茶，也常常用茶来招待朋友和客人。茶叶是中国人生活中的必需品。茶树原产于中国。中国古人发现茶树后，起初是把茶叶作为药用，后来才当作饮料。中国茶叶按照制作方法分为绿茶、红茶、乌龙茶、花茶、沱茶、砖茶等几大类。

★ 这段话主要介绍：

A. 中国茶 　　　　　　　　B. 茶叶的种类

C. 如何招待客人 　　　　　D. 谁发现了茶叶

74. 中国古代最重要的交通工具就是马车。最初的车辆，都是由人力来推动的，称为人力车。后来人们开始用牛、马拉车。马车是供古代贵族出行用的，而牛车一般是用来运载货物的。

★ 中国古代有钱人外出坐：

A. 马车 　　　　B. 牛车 　　　　C. 人力车 　　　　D. 自行车

75. 我儿子今年 15 岁，他已经开始不听我们的话了，常常让我和他妈妈生气。我们让他学画画儿，每个星期天我都不休息，跟他一起坐公共汽车到老师家里去。可是刚学了两个月，他就说画画儿不容易，他不想学了。

★ 根据这段话，可以知道他的儿子：

A. 成熟了 　　　　　　　　B. 不听话

C. 爱生气 　　　　　　　　D. 爱画画儿

76. 我来中国之前，虽然在意大利时中文语法的基础还可以，但是口语表达的能力很差。因此，当一个中国朋友请我去他们家住两个月的时候，我很高兴地接受了邀请，来到了中国。

★根据这段话，可以知道他：

A. 准备去中国　　　　　　　　B. 汉语口语不错

C. 朋友是意大利人　　　　　　D. 住在朋友家

77. 我奶奶今年 88 岁，上网已经有两年多了。两年以前，我的电脑买回家以后，我上网时奶奶就坐在旁边看着。有一天，奶奶突然对我说："你教我上网吧。"我大吃一惊，但是马上被她感动了。于是我就教她怎么上网，她学得很认真，不到两个月，她就能上网了。

★奶奶：

A. 岁数比较大　　　　　　　　B. 自学了电脑

C. 还不太会上网　　　　　　　D. 给我买的电脑

78. 小林已经跟父母约定，今年春节期间全家人一起去海南旅游。难得的七天长假，小林想陪年老的父母去感受一下南方的春节，而他自己也可以借这个机会放松一下。

★小林：

A. 要去旅游　　　　　　　　　B. 放了一个月假

C. 父母比较年轻　　　　　　　D. 还没跟家人商量

79. 我来中国留学之前一直不爱交朋友。当时我觉得朋友多了很麻烦，因为一个人可以想干什么就干什么。所以我当时认为只要有一两个朋友就好了。直到大学二年级第一次来中国留学，我的朋友仍然非常少。在我周围同学的眼里，我是一个非常特别的女生。

★根据这段对话，可以知道作者：

A. 是个男生　　　　　　　　　B. 没有朋友

C. 读大学了　　　　　　　　　D. 常麻烦朋友

80~81.

最近一项调查发现，英国女性的生活十分紧张。75% 的英国女性每天工作12个小时，她们平均每天只有30分钟的"个人时间"。

63% 的人承认自己把电视节目录下来，以便能够快进跳过广告来节省时间。如果能有更多的个人时间，三分之一的女性将 " 睡懒觉 " 选为自己最想做的事情。

★ 英国女性每天个人的时间是多少分钟？

A.12   B.30   C.63   D.75

★ 她们把电视节目录下来是为了：

A. 看广告   B. 节省时间

C. 回忆节目   D. 保证睡觉时间

82~83.

在我看来，中国是世界上最有特色的市场：人口多、历史长、语言多、文化复杂，经济发展情况也各不一样。北京与上海不一样，中国的东部与西部不一样，沿海与内地不一样。我常常告诉在中国做生意的外国朋友，这些特点不是在各种数字和各种新闻报道中能体会到的。如果对中国感兴趣，必须到中国去看一看。

★ 这段话主要谈：

A. 如何在中国做生意   B. 中国的市场特色

C. 中国不同地方的区别   D. 怎样读数字和新闻

★ 他的观点对什么人最有帮助？

A. 要找工作的年轻人   B. 想去中国旅游的人

C. 要去中国做生意的人   D. 报道中国经济的记者

84~85.

去年我们邀请了一位著名的钢琴大师来北京演出，那天的司机太马虎，路上汽车没油了，去加油站加油时等了很长时间。他来的时候，观众们已经等了半个多小时，于是他很有礼貌地向大家道歉，说："抱歉我今天来晚了，一方面是交通出了点小问题，另一方面主要是想让大家在听激动人心的音乐前先好好休息一下。" 观众都笑了。那次演出非常成功，每一场都赢得了热情的掌声。

★ 钢琴大师来晚了，是因为：

A. 路上堵车了　　　　　　　B. 没有车接他

C. 没人给他开车　　　　　　D. 在加油站等了很久

★ 从文中可以看出，钢琴大师：

A. 很生气　　　　　　　　　B. 很幽默

C. 很诚实　　　　　　　　　D. 很难过

三、书写

第一部分

⊙ 第 86~95 题：完成句子。

例如： 吃得　不太好　对身体　太饱
吃得太饱对身体不太好。

86. 优秀的　爸爸是名　教师

_____

87. 让　动　请不要　孩子　这个洗衣机

_____

88. 国家安全标准　究竟　他　想证明什么　提到

_____

89. 三只　有　我　可爱的　小猫

_____

90. 是　的　1991 年　出生　我

_____

91. 在银行里　喜欢　中国人　把钱　存

_____

92. 公园　很　城市　这个　不错

_____

93. 吗　白色的　车　的　是最安全

_____

94. 水果　很多　有　冰箱里

_____

95. 我的电脑　已经　很长时间了　坏了

_____

第二部分

⊙ 第 96~100 题：看图，用词造句。

例如：

人民币
我想换一些人民币。

96.

成熟

_____

97.

干杯

_____

98.

花园

_____

99.

握手

_____

100.

着急

_____

听力材料

（音乐，30秒，渐弱）

大家好！欢迎参加HSK（四级）考试。

大家好！欢迎参加HSK（四级）考试。

大家好！欢迎参加HSK（四级）考试。

HSK（四级）听力考试分三部分，共45题。

请大家注意，听力考试现在开始。

第一部分

⊙一共10个题，每题听一次。

例如：我想去办个借书证，明天下午你有时间吗？陪我去一趟图书馆。

★ 他打算明天下午去图书馆。

身高只有一米六，他是世界上最著名的矮个子篮球运动员。他曾经说过："篮球不只是让那些高个子打的，也是给那些喜欢它的人们打的。"

★ 他是个高个子的篮球运动员。

现在开始第1题：

1. 小张对那个新电影没有什么兴趣，还是你陪我去看吧。

★ 他想一个人去看那个新电影。

2. 昨晚下了一场大雨，凉快了很多，我睡得很香。

　　★ 我昨天晚上睡得很好。

3. 我们连着加了三天班，同事们都快累死了。

　　★ 同事们都很累。

4. 我哥给我买的那辆二手车，又笨又重，颜色很难看，我真不喜欢，
　　可是又不好意思告诉他，只好留着，以后再说吧。

　　★ 哥哥知道我不喜欢他送给我的车。

5. 小波在大学学的是经济学。他特别希望能在银行工作。但是他
　　毕业三年了，还没有找到银行的工作。

　　★ 他在银行已经工作三年了。

6. 田老师从银行借了一些钱，他用那些钱买了一套房子。他这几
　　天正在忙着搬家。

　　★ 他已经住进新家了。

7. 小王上课没有精神，不是因为身体不舒服，而是因为最近找工
　　作的压力太大。

　　★ 小王最近身体不太好。

8. 这是一个很不错的音乐网站，我常常在这里听最新的流行歌曲。

　　★ 他常常在这个网站听歌。

9. 昨天晚上电视上说今天下午有雨，果然，吃过午饭就下起雨来了。

　　★ 昨天晚上下雨了。

10. 我昨天生病了，头疼得厉害，所以没去你们家帮忙。对不起啊！

　　★ 他昨天头很疼。

第二部分

⊙一共 15 个题，每题听一次。

例如： 女：来北京好多年了吧？你觉得北京和你的家乡在气候上
　　　　有什么区别？

男：夏天都差不多，只是冬天北京比较冷，而我的家乡更暖和。

问：他们在谈什么？

现在开始第 11 题：

11. 女：最近怎么没有看到你呢，是工作太忙了吗？

　　男：是啊，经常需要出差，回来要写很多新闻报道。

　　问：男的可能是做什么的？

12. 男：你研究生毕业之后有什么计划？

　　女：我不想马上工作，我还想去国外读博士呢。

　　问：女的毕业之后准备做什么？

13. 女：昨天晚上的演出真精彩！这是我在北京听过的最棒的音乐会。

　　男：对啊，要是以后能多听几次就好了。

　　问：他们昨晚去哪里了？

14. 男：真抱歉，明天我要去大使馆办签证，不能陪你去购物了。

　　女：既然这样，那我自己去吧，没关系。

　　问：男的要干什么？

15. 女：喂，你能跑慢点等等我吗？我真的跑不动了。

　　男：看来你平时锻炼得还不够，以后要多运动才行啊。

　　问：他们最可能在做什么？

16. 女：我每天在家都只能看电视，感觉好无聊啊。

　　男：正好你要过生日，我就送一本小说给你在家看吧。

　　问：男的会送什么生日礼物给女的？

17. 女：刘教授，作业我已经写好了，我需要把它打印出来交到您
　　　办公室吗？

　　男：我明天不在学校，你给我发电子邮件吧。

　　问：根据对话，女的会怎么交作业？

18. 男：要是有电梯就好了，我就不用每天都这么累地爬楼梯啦。

女：你可真懒！我住五楼都坚持每天爬楼梯，你住楼下更应该
多锻炼啊。

问：男的住在几楼？

19. 男：你在哪儿买的裙子呀？真漂亮！

女：这是上周商场打折的时候买的，原价 200 元，打折之后便
宜了一半呢。

问：女的花多少钱买的裙子？

20. 女：大夫，您快帮我检查一下牙齿吧，我疼得受不了了。

男：你把嘴张开，我看看，我想你应该是吃糖吃多了。

问：女的可能吃多了什么东西？

21. 女：小刘，我下周要搬家，你能过来帮帮忙吗？

男：行啊，我下周没有考试，正好有空，不过到时候你可要请
客啊。

问：女的下周要做什么？

22. 女：先生，需要我给您介绍一下这些家具吗？我们这里的家具
不仅质量好，而且价格便宜。

男：好的，你带我看看沙发吧。

问：男的可能要买什么？

23. 女：快醒醒，你该吃药了。

男：现在几点了？真希望病快点好起来啊。

问：男的刚刚在做什么？

24. 女：师傅，您能再开快点吗，我担心考试会迟到。

男：不行啊，现在速度已经很快了，安全也很重要啊。

问：女的最可能在哪儿？

25. 女：你告诉小刘明天一起吃饭的事情了吗？

男：天啊，我完全忘记这件事情了！

问：根据对话，可以知道男的怎么样？

第三部分

⊙一共 20 个题，每题听一次。

例如：男：小姐，您好，这是您的房卡。

女：谢谢！你们的餐厅在哪儿？

男：从这儿往前走，左边就是。

女：好，谢谢！

问：男的最可能是做什么的？

现在开始第 26 题：

26. 女：先生，您需要购买塑料袋吗？

男：我要一个吧，今天买的东西太多了。

女：好的，您一共花费 54 元。

男：我没带现金，用信用卡付吧。

问：男的最有可能在哪儿？

27. 男：昨天和我们一起看电影的那个女孩真漂亮，性格也很活泼。

女：她是我同学，要不介绍给你当女朋友吧！

男：太好了！我就喜欢这样的女生。

女：那我约你们下次一起吃饭。

问：男的喜欢什么性格的女生？

28. 男：小刘，晚上来我家吃饭啊。

女：你一定是有什么好消息吧？

男：被你猜到了，我儿子考上研究生啦。

女：真的吗？难怪你这么高兴呢，祝贺你啊！

问：男的心情怎样？

29. 女：你知道王教授的手机号码吗？

男：我原来的手机里有，但是后来手机丢了。

女：那怎么办呢，我有点儿事情需要联系他。

男：我有他办公室的电话，要不你打他办公室的电话试试吧。

问：根据对话，女的会怎么联系王教授？

30. 男：小黄，你怎么不叫醒我呢，我上班要迟到啦！

女：今天是星期六，不用上班啊。

男：我以为今天星期五，吓死我了。

女：你可真够粗心的。

问：男的怎么了？

31. 女：我把银行卡的密码忘了，怎么办啊？

男：你回忆一下是不是你的生日或其他重要数字？

女：我试过了，都不对。

男：那你还是去找银行的工作人员，重新换一个密码吧。

女：只能这样了，我现在就去办。

问：女的马上会去哪里？

32. 男：我想参加篮球比赛，请问现在还能报名吗？

女：本来 7 月 6 号就结束了，但因为报名的人太多，就推迟到了 7 月 10 号。

男：太好了，那我现在就报名吧。

女：你运气真好，否则就错过这次机会了。

问：篮球比赛的报名什么时候结束？

33. 女：你中文说得这么流利，来中国已经很多年了吧？

男：没有啊，我是去年才开始来中国学习的。

女：那你是怎么学好中文的呢？

男：我经常和中国的同学一起聊天，我们还一起出去旅游。

问：男的在中国做什么？

34. 男：你能不能上网查一下到北京的飞机几点起飞呀？

女：现在电脑出了点问题，我用手机帮你查吧。

男：手机也能上网吗？

女：当然可以，手机上网很方便的。

问：女的为什么要用手机上网？

35. 男：昨天晚上应该过得很高兴吧？

   女：不能说高兴，应该说很感动。

   男：怎么了，发生什么事情了吗？

   女：昨晚的电影讲了一个爱情故事，我感动得流泪了。

   男：你们女孩子就是容易被感动。

   问：女的昨晚最可能去哪里了？

第 36 到 37 题是根据下面一段话：

   现在，人们越来越重视环境保护。大家都在为了保护地球而努力。例如，为了减少污染，人们在生活中都尽量不使用塑料袋。去超市的时候，基本上每个人都会自己带购物袋。

36. 这段话主要讲什么？

37. 什么会造成环境污染？

第 38 到 39 题是根据下面一段话：

   各位朋友，欢迎您选择我为您服务。希望我的服务能让您满意，也能让您对这次旅行留下难忘的印象。现在把我的手机号码告诉大家，大家在旅行过程中遇到问题可以马上联系我。

38. 说话人是谁？

39. 怎么才能联系到说话人？

第 40 到 41 题是根据下面一段话：

   各位同事，我们应该知道除了电视、广播、杂志外，在网站里做广告的公司也越来越多。因为在网站上做广告不仅收费低，而且效果好。所以我建议我们公司通过在网站上做广告来吸引更多顾客。

40. 说话人最可能在做什么？

41. 说话人建议在哪里做广告？

第 42 到 43 题是根据下面一段话：

   音乐在我们的生活中变得越来越重要，不同的音乐会有不同的效果。例如，轻松的音乐可以减少我们的紧张，让我们心情愉快。遇到烦恼时，我们应该听听轻松的音乐，让自己从不高兴的心情中走出来。

42. 这段话主要讲什么对我们的生活很重要？

43. 怎样可以使心情变好？

第 44 到 45 题是根据下面一段话：

　　需要参加英语口语比赛的同学下课之后到我的办公室报名。这次比赛为大家提供了一次提高英语水平的机会，希望我们班的同学都能积极报名参加。最后祝大家在比赛中取得满意的成绩。

44. 说话人最可能在哪儿？

45. 说话人的职业是什么？

听力考试现在结束。

参考答案及题解（一）
（中英文）

1. 听力

第一部分

题号	答案	题解	Explanation
1	✗	"你陪我去看吧"，说明他不想一个人去看。	"Please accompany me to watch (the movie)", which indicates that he won't go to the movie alone.
2	✓	昨晚"我睡得很香"。	Last night I slept soundly.
3	✓	"同事们都快累死了"说明同事们都很累。	"同事们都快累死了" tells us his colleagues are all very tired.
4	✗	我不好意思告诉哥哥我不喜欢那辆车，所以哥哥应该不知道。	I was embarrassed to tell my elder brother that I don't like that car, so my elder brother shouldn't know that.
5	✗	他毕业三年了，还是没有找到银行的工作。	It is three years since he graduated, but he hasn't found a job as a bank clerk yet.
6	✗	"他这几天正在忙着搬家"说明他还没有住进新家。	"He is busy moving these days" implies he hasn't settled in the new home.
7	✗	小王上课没有精神，不是因为身体不舒服，而是因为最近找工作的压力太大。	Xiao Wang has no energy in class. It is not because of poor health but rather the terrible pressure of job hunting.
8	✓	他常常在这个网站听流行歌曲。	He often listens to popular songs in this website.

9	✗	昨天晚上电视上说今天下午有雨，果然，吃过午饭就下起雨来了。	The weather forecast said that it would rain this afternoon. As expected, it started to rain right after lunch.
10	✓	他昨天生病了，头疼得厉害。	He was sick and had a really bad headache yesterday.

第二部分

题号	答案	题解	Explanation
11	B	"出差"、"新闻报道"都表明了记者的身份。	The words "出差"，"新闻报道" indicate that he is a journalist.
12	C	"国外"、"博士"等词说明她毕业之后会出国留学。	We can infer that she will study abroad after graduation from the words "国外"，"博士".
13	B	"音乐会"、"演出"说明她们去的是音乐厅。	The words "音乐会"，"演出" tell us they have been to the concert hall.
14	D	男的说"明天我要去大使馆办签证"。	The man says "I want to go to the embassy to get a visa tomorrow".
15	D	"跑"、"锻炼"、"运动"等词说明他们在跑步。	The words "跑"，"锻炼"，"运动" imply that they are running.
16	A	男的说会送她一本小说。	The man says he will send a novel to the woman since her birthday is coming.
17	D	男的不在学校，所以只能发电子邮件。	The professor is not at school, so the lady must send him an e-mail to hand in her homework.
18	A	对话中说女的住五楼，男的住在她楼下。	The lady lives on the fifth floor; the man lives below her.
19	A	原价200元，便宜了一半应该是100元。	The original price was 200 yuan, half is 100 yuan.
20	B	医生说她糖吃多了。	The doctor says she has eaten too much candy.
21	B	女的第一句话说要搬家。	The woman says she will move next week.
22	A	"带我看看沙发"，说明男的想买沙发。	The sentence "带我看看沙发" indicates that the man wants to buy a sofa.

23	D	"醒"指睡眠状态结束，说明男的刚才在睡觉。	The word "醒" means "wake up" from sleeping, which implies that the man was sleeping a moment ago.
24	B	"开快点"、"速度"等词说明女的在车上。	The phrases "开快点"，"速度" imply that the woman is in the car.
25	C	男的说他完全忘记这件事情，说明他马虎。	The man says he totally forgets it. We can infer that he is "马虎".

第三部分

题号	答案	题解	Explanation
26	D	"塑料袋"、"花费"、"信用卡"等词说明他在超市。	From the words "塑料袋"，"花费"，"信用卡"，we can infer he is in the supermarket.
27	C	男的说那个女孩"很活泼"，他"就喜欢这样的女生"。	The man says that girl is "很活泼（active）". He just likes this kind of girls.
28	A	从"儿子考上研究生"、"难怪你这么高兴"可以知道男的很开心。	The phrases "儿子考上研究生"，"难怪你这么高兴" tell us that the man is very happy（开心）.
29	B	男的只知道王教授办公室的电话，建议她"打他办公室的电话试试"。	The man only knows the telephone number of Professor Wang's office, so he suggests "打他办公室的电话试试".
30	D	男的把周六记成周五了。	The man incorrectly took Friday for Saturday.
31	D	根据上下文，"现在就去办"说明女的会去银行。	According to the context, "现在就去办" indicates that the woman will go to the bank.
32	C	女的说"推迟到了7月10号"。	The woman says that "推迟（postpone）到了7月10号".
33	D	男的说他去年才开始来中国学习汉语。	The man says that he began to study Chinese only from last year.
34	B	女的说电脑"出了点问题"说明电脑坏了。	The woman says the computer "出了点问题" implies the computer is broken down.

35	A	女的对电影的描述说明她昨晚去电影院了。	From the description of the film, we can infer that she has been to the cinema last night.
36	B	全段都在讲环境保护。	The whole paragraph is talking about environmental protection.
37	D	该段第三句话说不使用塑料袋可以减少污染。	The third sentence of the paragraph says the nonuse of "塑料袋（plastic bags）" can decrease the pollution.
38	C	"旅行"、"服务"、"满意"等说明她是导游。	The words "旅行"，"服务"，"满意" indicate that she is a tourist guide.
39	D	导游告诉游客她的手机号，让大家有问题就联系她。	The tourist guide tells the guests her telephone number, and suggests them to call her when they have problems.
40	B	"各位同事"、"建议"等词说明说话人正在开会。	The phrases "各位同事"，"建议" tell us that she is in the meeting.
41	D	该段最后一句话"我建议我们公司通过在网站上做广告来吸引更多顾客"。	The last sentence of the paragraph "我建议我们公司通过在网站上做广告来吸引更多顾客" implies the answer.
42	C	全段都在讲音乐。	The whole paragraph is talking about music.
43	A	该段最后一句话"遇到烦恼时，我们应该听听轻松的音乐，让自己从不高兴的心情中走出来"。	The last sentence of the paragraph "遇到烦恼时，我们应该听听轻松的音乐，让自己从不高兴的心情中走出来" implies the answer.
44	A	"下课之后到我的办公室"、"学校"等词组说明说话人在教室。	We can infer that the speaker is in the classroom from the phrases "下课之后到我的办公室"，"学校".
45	B	"下课"、"办公室"、"我们班的同学"都表明了说话人的老师身份。	The phrases "下课"，"办公室"，"我们班的同学" show the speaker is a teacher.

2. 阅读

第一部分

题号	答案	题解	Explanation
46	A	他这个人是不推不动，一定得给他点儿压力才行。	He is lazy; (we) must give him some pressure.
47	C	你们现在讨论的问题是一个很复杂的问题。	The question under discussion now is a very complicated problem.
48	D	四年前刚来南京学汉语的时候，我自己也没想到这几年我能坚持下来。	I did not think that I could persist during these past few years when I just came Nanjing to study Chinese four years ago.
49	B	在老师的严格要求下，我们的汉语水平都有了很大的提高。	Under the teacher's strict requirements, our Chinese level had a great increase.
50	E	老朋友毕业十年才见这么一次面，肯定得好好地聊个够。	The old friends only meet once in ten years after graduation. They must have a good chat.
51	E	是啊，在体育馆看足球和在电视上看足球效果大不一样。	Yes, there is a vast different impression between watching football match at the gym and watching it on TV.
52	D	我哥哥今年硕士毕业，准备继续读博士。	My brother gets his Master's degree this year, and he wants to continue to get his PhD degree.
53	B	他不仅中文厉害，还是个"中国通"呢。	He not only speaks very good Chinese, but also is an old China hand.
54	C	今天的晚会真是太精彩了！	The party tonight is simply wonderful!
55	F	哎，被拒绝了。我得重新申请一次。	Well, I was turned down. I have to apply for it again.

第二部分

题号	答案	题解	Explanation
56	CBA	两个孩子都想吃那个苹果，妈妈只好把它一分为二，一人一半。	Both kids wanted the apple. Mother had to split it in two and gave half to each.
57	ABC	她帮助我复习中文，我想给她一些钱，可是她说什么也不要。	She helped me review my Chinese. I wanted to pay her, but she refused to take payment no matter how.
58	CBA	你既然来了，就别走了，和我们一起吃晚饭吧。	Since you are already here, don't leave. Have dinner with us.
59	CAB	虽然你和小张过去有过不愉快的事儿，可他现在病了，你还是去看看他吧。	Although there are some unpleasant things between Xiao Zhang and you, he is ill now, so you'd better go and visit him.
60	ABC	今天进城，我妈让我顺便到您家看看，向您问好啊。	Since I am going into town today, my mother asked me to visit you on the way and say hello to you.
61	BAC	中学毕业后，想继续读大学，就要参加大学入学考试。	After graduated from high school, you need to sit for an entrance examination if you want to pursue further studies at the university.
62	ACB	老王因为要带四个孩子，还要赚钱养家，所以日子不好过。	Lao Wang needs to look after four children, and makes money to support the family, he therefore has a tough time.
63	CBA	一年以后，两位老人结婚了，开始了共同的新生活。	A year later, the old couple got married, and begun their new life.
64	BAC	越来越多的职业女性又走回家庭，走进厨房，这究竟是好事儿，还是坏事儿呢？	More and more career women returned to their home kitchens. Is this actually progress or regression?
65	BAC	小王想买房，可有人说现在房价太贵，还是租房好，他不知道到底该怎么办。	Xiao Wang wants to buy a house, but some say that housing prices are so high now, better rent a room. He has no idea what on earth he should do.

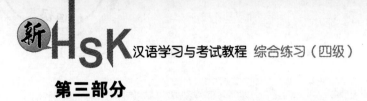

第三部分

题号	答案	题解	Explanation
66	D	第一句话"王红的父母根本不能理解她不生孩子的想法"说明答案应该选D。	The first sentence "王红的父母根本不能理解 (understand) 她不生孩子的想法" tells us the answer.
67	D	第二句话说杨先生现在最大的困难是"他得在台北、深圳、广州三个地方来回跑"。	The second sentence says Mr. Yang's biggest difficulty is that "he needs to travel among Taibei、Shenzhen and Guangzhou.
68	A	第三句话告诉我们"中国最重要的传统节日当然是春节"。	The third sentence tells us the answer. "The most important traditional festival is undoubtedly the Spring Festival."
69	C	"专家建议，我们应该避免在主路上行走"说明答案应该选C。	"An expert advises that we should avoid walking on the main road" explains that the answer is C.
70	A	孔子教育他的学生要诚实，"在学习中知道的就说知道，不知道的就说不知道"。	Confucius taught his students to be honest,(when the teacher asks you,) "just say 'yes' if you really know, and say 'no' if you don't know".
71	A	第一句话说《三国演义》是一部"历史小说"。	The first sentence says *Romance of the Three Kingdoms* is a "historical novel".
72	A	第一句话说他开了一家广告公司。	The first sentence says he opened an advertising company.
73	A	整段都在介绍中国茶，包括中国人常常用茶来招待客人，茶的种类等等。	The whole paragraph is talking about Chinese tea, which includes: Chinese people often entertain guests with it; the types of tea and so on.
74	A	第四句话说"马车是供古代贵族出行用的"。	The fourth sentence says that "the horse-drawn carriage was used for ancient aristocrats to travel".

75	B	第二句话说"他已经开始不听我们的话了"。	The second sentence says "he has already begun to get out of control".
76	D	第二句话中说"当一个中国朋友请我去他们家住两个月的时候，我很高兴地接受了邀请"。	The second sentence says "I readily accepted the invitation of a Chinese friend to live with his family in China for two months".
77	A	第一句话说"我奶奶今年88岁"。	The first sentence says "My grandmother is 88 years old this year".
78	A	第一句话说"小林已经跟父母约定，今年春节期间全家人一起去海南旅游"。	The first sentence says "Xiao Lin has made an appointment with his parents: taking a trip to Hainan during the coming Spring Festival".
79	C	第四句话"直到大学二年级第一次来中国留学"说明她已经读大学了。	The fourth sentence "I had only a few friends until I came to China during the second year of university" implies that she is in college now.
80	B	第二句话中说"她们平均每天只有30分钟的'个人时间'"。	The second sentence says "they have only 30 minutes 'me-time' on an average day".
81	B	第三句话说"63%的人承认自己把电视节目录下来，以便能够快进跳过广告来节省时间"。	The third sentence says "63 percent admit recording a TV show— so they can fast forward the adverts to save time".
82	B	整段都在介绍中国的市场特色。	The whole sentence is talking that China has the world's most characteristic market.
83	C	第二句话说他经常把他的观点告诉来中国做生意的外国人，所以应该是对外国商人最有帮助。	The second sentence says that he often tells it to some foreign businessmen, so his opinion is the most helpful for them.

84	D	文中说是因为汽车没油了，"去加油站加油等了很长时间"，所以他迟到了。	He was late because they wasted a long time in the queue in petrol station.
85	B	他因为迟到道歉的时候说"主要是想让大家在听激动人心的音乐前先好好休息一下"，说明他是个幽默的人。	When he apologized, he said that he "wanted the audience to have a good rest before hearing the exciting music", which showed that he was humorous.

3. 书写

第一部分（参考答案）

86. 爸爸是名优秀的教师。

87. 请不要让孩子动这个洗衣机。／这个洗衣机请不要让孩子动。

88. 他提到国家安全标准究竟想证明什么？

89. 我有三只可爱的小猫。

90. 我是 1991 年出生的。

91. 中国人喜欢把钱存在银行里。

92. 这个城市公园很不错。

93. 白色的车是最安全的吗？

94. 冰箱里有很多水果。

95. 我的电脑已经坏了很长时间了。

第二部分（参考答案）

96. 秋天水果都成熟了。

97. 大家一起干杯吧。

98. 这个花园真漂亮。

99. 校长和他握手表示祝贺。

100. 他看起来很着急。

新汉语水平考试
HSK（四级）

模拟试题二

注　意

一、HSK（四级）分三部分：

　　1. 听力（45题，约30分钟）

　　2. 阅读（40题，40分钟）

　　3. 书写（15题，25分钟）

二、听力结束后，有5分钟填写答题卡。

三、全部考试约105分钟（含考生填写个人信息时间5分钟）

一、听力

第一部分

⊙ 第 1~10 题：判断对错。

例如： 我想去办个借书证，明天下午你有时间吗？陪我去一趟图书馆。

★ 他打算明天下午去图书馆。 (✓)

身高只有一米六，他是世界上最著名的矮个子篮球运动员。他曾经说过："篮球不只是让那些高个子打的，也是给那些喜欢它的人们打的。"

★ 他是个高个子的篮球运动员。 (✗)

1. ★应该让那家饭馆给我们提供午饭。 ( )

2. ★现在他的中文不错。 ( )

3. ★他买了老林的房子。 ( )

4. ★进他们公司一定要先经过考试。 ( )

5. ★他还记得这本书的作者。 ( )

6. ★这是她的男朋友第一次见她的父母。 ( )

7. ★她的男朋友不想结婚。 ( )

8. ★她不想工作了。 ( )

9. ★阿兰的性格不太好。 ( )

10. ★照顾一个家不容易。 ( )

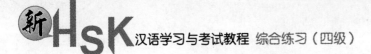

第二部分

⊙ **第 11~25 题：请选出正确答案。**

例如：女：来北京好多年了吧？你觉得北京和你的家乡在气候上
有什么区别？

男：夏天都差不多，只是冬天北京比较冷，而我的家乡更
暖和。

问：他们在谈什么？

A. 文化　　B. 风景　　C. 职业　　D. 气候 ✓

11. A. 购物　　　　B. 约会　　　　C. 打电话　　　D. 开玩笑
12. A. 睡着了　　　B. 迟到了　　　C. 生病了　　　D. 生气了
13. A. 老师　　　　B. 演员　　　　C. 护士　　　　D. 学生
14. A.5 月 5 号　　B.6 月 5 号　　C.6 月 8 号　　D.7 月 8 号
15. A. 马上来　　　B. 没时间　　　C. 解决不了　　D. 不想帮忙
16. A 上网　　　　B. 写信　　　　C. 打电话　　　D. 去公司
17. A 学校　　　　B. 公园　　　　C. 商店　　　　D. 医院
18. A 打篮球　　　B. 看比赛　　　C. 看电影　　　D. 打网球
19. A 幽默　　　　B. 成熟　　　　C. 聪明　　　　D. 诚实
20. A 考得好　　　B. 睡不着　　　C. 很轻松　　　D. 觉得累
21. A 出差　　　　B. 出国　　　　C. 开车　　　　D. 加班
22. A 失望了　　　B. 生气了　　　C. 丢工作了　　D. 被批评了
23. A 留学　　　　B. 考试　　　　C. 工作　　　　D. 旅游
24. A 考试　　　　B. 回家　　　　C. 听京剧　　　D. 看电影
25. A 走路　　　　B. 坐地铁　　　C. 坐公交车　　D. 坐出租车

第三部分

⊙ **第 26~45 题：请选出正确答案。**

例如：男：小姐，您好，这是您的房卡。

女：谢谢！你们的餐厅在哪儿?

男：从这儿往前走，左边就是。

女：好，谢谢!

问：男的最可能是做什么的?

A. 演员　　B. 记者　　C. 售货员　　D. 服务员 ✔

26.	A. 网球	B. 跑步	C. 羽毛球	D. 乒乓球
27.	A. 学校	B. 医院	C. 大使馆	D. 图书馆
28.	A. 男的	B. 女的	C. 小张	D. 王教授
29.	A. 照片	B. 文章	C. 作业	D. 消息
30.	A. 晚会	B. 比赛	C. 演出	D. 照相
31.	A. 超市	B. 商店	C. 农村	D. 饭馆
32.	A. 学开车	B. 去旅游	C. 先开会	D. 去运动
33.	A. 两元	B. 五元	C. 七元	D. 十元
34.	A. 输了	B. 赢了	C. 放弃了	D. 不知道
35.	A. 感冒了	B. 感觉冷	C. 不舒服	D. 想省电
36.	A. 生活	B. 工作	C. 送礼物	D. 过生日
37.	A. 鲜花	B. 手表	C. 巧克力	D. 笔记本

38. A. 茶叶的价格　　　　　　B. 茶叶的质量
　　C. 喝茶的好处　　　　　　D. 喝茶的坏处

39.	A. 学习	B. 工作	C. 考试	D. 睡觉
40.	A. 宾馆	B. 商店	C. 超市	D. 学校
41.	A. 家具	B. 手机	C. 冰箱	D. 电视
42.	A. 家长	B. 学生	C. 老师	D. 记者

43. A. 书多了   B. 变差了   C. 不能借书   D. 不能上网

44. A. 二十左右   B. 三十多岁   C. 四十左右   D. 五十多岁

45. A. 记者   B. 学生   C. 老师   D. 律师

二、阅读

第一部分

⊙ 第 46~50 题：选词填空。

A. 态度   B. 商量   C. 轻松   D. 准时   E. 出发   F. 尊重

例如：同事间当然应该互相信任、互相支持、互相（F）。

46. 我以前叫过这个名字，不过上中学时爸爸妈妈（   ）了以后给改了。

47. CA186 航班将于 19:50（   ）起飞。

48. 最近这段时间我们工作很忙，不比你们（   ）。

49. 我们早上（   ）的时候你看上去就不太舒服，现在感觉怎么样？

50. 学习（   ）的改变使他的学习成绩很快提高了不少。

⊙ 第 51~55 题：选词填空。

A. 生活   B. 到底   C. 放弃   D. 味道   E. 邀请   F. 条件

例如：A：你认识小张吗？

       B：小张是我最好的朋友，他常常在（A）上帮助我。

51. A：那个足球运动员怎么不踢了？

       B：他的脚受伤了，只好（   ）比赛了。

52. A：这个学校的学费真便宜呀！

　　B：这种学校的学费是很低，但是学习（　　　）一般都不太好。

53. A：这个菜的（　　　）有点怪，是不是坏了？

　　B：那就不吃了，扔了。

54. A：你知道（　　　）有多少人参加我们的晚会？

　　B：一百多人吧。

55. A：他今天晚上来不来？

　　B：我已经（　　　）他晚上过来吃饭，就看他有没有时间了。

第二部分

⊙ 第 56~65 题，排列顺序。

例如：　A. 然而在红海里

　　　　B. 不会游泳的人最怕掉进水里

　　　　C. 人可以躺在水面上不会沉下去　　　　B A C

56. A. 他是一位好父亲

　　B. 都找时间跟孩子们交流

　　C. 无论多忙　　　　　　　　　　　　_____

57. A. 一位从东北开车过来的家长说

　　B. 孩子生活能力差

　　C. 实在不放心让他自己来　　　　　　_____

58. A. 我们就再也没见过面

　　B. 我去了加拿大，他去了美国

　　C. 硕士毕业后　　　　　　　　　　　_____

59. A. 他们结婚以后

　　B. 天天都在外面吃饭

　　C. 从来没有自己做过饭　　　　　　　_____

60. A. 他做每一件事都只为自己
　　B. 从来不考虑别人
　　C. 没有人愿意跟张洋做朋友　　　　＿＿＿＿＿＿＿＿＿

61. A. 年轻的父母告诉我们
　　B. 所以孩子到底应该跟谁姓是一个大问题
　　C. 现在每家都只生一个　　　　　　＿＿＿＿＿＿＿＿＿

62. A. 中国只有 4 600 多个
　　B. 日本的姓是世界上最多的
　　C. 有 20 多万个　　　　　　　　　＿＿＿＿＿＿＿＿＿

63. A. 法国总统昨天访问了北京
　　B. 晚上八点离开
　　C. 他下午一点到达北京　　　　　　＿＿＿＿＿＿＿＿＿

64. A. 打电话的人不可能是小赵
　　B. 因为小王一直和我在一起
　　C. 更不可能是小王　　　　　　　　＿＿＿＿＿＿＿＿＿

65. A. 飞机晚点
　　B. 天气不好
　　C. 让您久等了　　　　　　　　　　＿＿＿＿＿＿＿＿＿

第三部分

⊙ 第 66~85 题：请选出正确答案。

例如：在中国生活的三年使他在音乐方面有了很多新的想法，他把京剧的一些特点增加到自己的音乐中，取得了很好的效果。

★根据这段话，可以知道他：

A. 很热情　　　　　　　　B. 会唱京剧

C. 受到京剧影响　√　　　D. 离开中国三年了

66. 一年四季节气候不同，人们也应该喝不同的茶。春季适合喝花茶；夏季适合喝绿茶，它能让你感觉凉快；秋季适合喝乌龙茶，乌龙茶不寒不热；冬季适合喝红茶，可以让你感觉暖和一点。

★ 喝了以后能帮你降温的是：

A. 花茶　　　　B. 绿茶　　　　C. 红茶　　　　D. 乌龙茶

67. 这家咖啡屋不仅咖啡好喝，而且屋里的家具也很高级；音乐也非常好听；人们都愿意来这里看书或者聊天，不过这里最吸引人们的是他们的咖啡杯，像一件件艺术品。

★ 这个咖啡屋最吸引人们的是：

A. 咖啡　　　　B. 音乐　　　　C. 艺术品　　　D. 咖啡杯

68. 欢迎大家参加我们旅行团，这是大家的房卡，大家先去房间放行李，半个小时后我们在大厅集合去吃饭。晚上有晚会，参加晚会的人请现在来我这儿报名，我得预定座位。

★ 导游要大家报名：

A. 吃饭　　　　B. 集合　　　　C. 看晚会　　　D. 拿房卡

69. 我和妹妹的性格不太一样。有空的时候我喜欢安静，常一个人在房间里一边喝咖啡一边看书；妹妹却最讨厌一个人玩儿，她喜欢跟朋友们一起唱歌、聊天。

★ 有时间的时候，妹妹喜欢：

A. 看书　　　　B. 喝咖啡　　　C. 跟朋友玩　　D. 一个人玩

70. 深圳市位于广东省，它以前是一个很小的地方，现在已经成为了一个富有和发展很快的现代化城市，与上海、北京一样是内地三大经济中心之一。

★ 深圳现在：

A. 很富有　　　B. 是小镇　　　C. 人口多　　　D. 发展最快

71. 全聚德是北京非常有名的饭店，已经有140多年的历史，这里的烤鸭非常有名，很多外国友人来北京后都喜欢去这家饭店尝一尝烤鸭。

★ 全聚德：

A. 烤鸭很有名　　　　　　　　B. 顾客不多

C. 外国人都去　　　　　　　　D. 历史悠久

72. 老师提醒同学们，考试的时候，一定不要紧张；而且要仔细地看题，否则如果因为马虎考得不太好，就太可惜了。

　　★ 老师提醒大家不要怎么样？

A. 紧张　　　　　B. 仔细　　　　　C. 马虎　　　　　D. 可惜

73. 我们这种电视正在搞活动，可以打九折，比平时便宜上千块钱。价格便宜，质量又好。这两天这种电视卖得很火，昨天就卖出去八台。

　　★ 这种电视这两天：

A. 很受欢迎　　　　　　　　　B. 质量很好

C. 一共卖了八台　　　　　　　D. 便宜了几千块

74. 父母要多和孩子聊天，多了解孩子的想法，这样可以让孩子明白：当遇到困难时，他一定会得到父母的帮助和支持，这样可以增加孩子的安全感。

　　★ "这样"指的是：

A. 多理解孩子　　　　　　　　B. 多支持孩子

C. 多帮助孩子　　　　　　　　D. 多和孩子交流

75. 成功者常常不是人群中最聪明的人，而是那些能够坚持自己的理想，遇到困难时能够用自己最大的努力解决困难的人。

　　★ 成功者是：

A 聪明的人　　　　　　　　　B. 漂亮的人

C. 开心的人　　　　　　　　　D. 坚持理想的人

76. 晚上，我刚刚躺下，手机就响了。没想到是我的朋友阿里，他告诉我现在他头疼，而且还咳嗽得厉害，我马上起床去他家，打算陪他去医院。

　　★ 阿里：

A. 睡觉了　　　　B. 起床了　　　　C. 生病了　　　　D. 手机响了

77. 经过他的努力，这个节目越来越受人欢迎。最近喜欢看这个节目的人更多了，一切都正在向好的方向发展，他也越来越有信心了。

★这个节目现在：

A. 办得很好　　　　　　　　B. 顾客更多

C. 很有信心　　　　　　　　D. 收入很高

78. 为了祝贺我们，爸爸妈妈送我们一辆车做结婚礼物，正好下个月去旅游，我们打算开车去，这样既方便又很有意思。

★爸爸妈妈送我们一辆车是因为：

A. 为了方便　　　　　　　　B. 很有意思

C. 我们结婚了　　　　　　　D. 我们要旅游

79. 一个给人印象不好的人很难与别人交朋友。因为没人喜欢跟一个自己对其印象不好的人在一起。

★给人印象不好的人：

A. 不易交流　　　　　　　　B. 喜欢聊天

C. 让人讨厌　　　　　　　　D. 很难交朋友

80~81.

调查发现，现在很多人喜欢上网购物，其中20~30岁的学生最喜欢上网买东西。网上购物确实给人们的生活带来了许多方便，网上商品比较多，而且价格也比较便宜，另外，最吸引人的是送货速度非常快。

★最喜欢上网购物的顾客是：

A. 学生　　　　B. 演员　　　　C. 医生　　　　D. 导游

★网上商店最大的好处是：

A. 商品多　　　　B. 送货快　　　　C. 东西漂亮　　　　D. 价格便宜

82~83.

研究证明，人们是否喜欢吃甜食往往与其性格有关。喜欢吃甜食的人，往往比较热情，常常喜欢帮助别人。人们发现，一个人吃了巧克力以后，更愿意帮助别人。不过，这个研究结果不能证明不喜欢吃甜食的人性格就不好。

★喜欢吃甜食的人在生活中：

A. 很浪漫　　　B. 很害羞　　　C. 很热情　　　D. 很主动

★这段话讲了口味与什么的关系？

A. 年龄　　　　B. 性格　　　　C. 理想　　　　D. 能力

84~85.

中国和澳大利亚的季节正好相反。当中国已经进入秋天，树叶开始逐渐变黄的时候，澳大利亚却到处春暖花开，比较适合人们去旅游。当中国气温逐渐升高，人们已经需要开空调的时候，澳大利亚却非常凉快，一般气温在 10℃～22℃之间，这时候正是澳大利亚的冬天。

★中国是夏天的时候，澳大利亚是：

A. 春天　　　　B. 夏天　　　　C. 秋天　　　　D. 冬天

★关于中国和澳大利亚，从这段话中我们知道：

A. 季节相反　　B. 都很湿润　　C. 秋天很冷　　D. 冬天不冷

三、书写

第一部分

⊙ 第 86~95 题：完成句子。

例如：吃得　不太好　对身体　太饱

吃得太饱对身体不太好。

86. 北京　来　好　我　几个月了

_____

87. 一趟　跑　他　难道　还要

_____

88. 车　得　那辆　跑　很快

_____

89. 走　天天　从　这条路　我

_____

90. 生日　小王的　是　1992 年　5 月 10 号

_____

91. 喜欢　爸爸和妈妈　很　爬山　都

_____

92. 您　女儿　越活　祝　越年轻

_____

93. 被　他　这个问题　了　问住

_____

94. 小王　感兴趣　西方音乐　对　很

_____

95. 坐火车　旅游　喜欢　去　我

_____

第二部分

⊙ 第 96~100 题：看图，用词造句。

例如：　人民币
我想换一些人民币。

96. 　　怎么

＿＿＿＿＿＿＿＿＿＿

97. 　　新鲜

＿＿＿＿＿＿＿＿＿＿

98. 　　擦

＿＿＿＿＿＿＿＿＿＿

99. 　　约会

＿＿＿＿＿＿＿＿＿＿

100. 　　瘦

＿＿＿＿＿＿＿＿＿＿

听力材料

（音乐，30秒，渐弱）

大家好！欢迎参加 HSK（四级）考试。

大家好！欢迎参加 HSK（四级）考试。

大家好！欢迎参加 HSK（四级）考试。

HSK（四级）听力考试分三部分，共45题。

请大家注意，听力考试现在开始。

第一部分

⊙一共 10 个题，每题听一次。

例如：我想去办个借书证，明天下午你有时间吗？陪我去一趟图书馆。

★ 他打算明天下午去图书馆。

身高只有一米六，他是世界上最著名的矮个子篮球运动员。他曾经说过："篮球不只是让那些高个子打的，也是给那些喜欢它的人们打的。"

★ 他是个高个子的篮球运动员。

现在开始第 1 题：

1. 既然那家饭馆的饭菜好吃、价格便宜，为什么不让他们每天给我们公司提供午饭呢？

    ★ 应该让那家饭馆给我们提供午饭。

2. 刚开始的时候，他一句中文都不会，可是现在他已经能用中文跟客人们聊天了。

★ 现在他的中文不错。

3. 老林说他愿意把房子便宜点儿卖给我，可是我的钱不够，也没地方借钱，只好放弃了这个机会。

★ 他买了老林的房子。

4. 我们公司招聘人才时看能力，不看关系。无论是谁，想进我们公司都得先经过考试。

★ 进他们公司一定要先经过考试。

5. 这本书的内容很精彩，所以我一直记得。可是书的作者，我却早就忘记了。

★ 他还记得这本书的作者。

6. 今天是张琳第一次带男朋友回家，可是见过面以后，张琳的爸爸妈妈对她的男朋友一点儿也不满意。

★ 这是她的男朋友第一次见她的父母。

7. 王玲大学毕业三年多了，有一份很好的工作，也曾经交过几个男朋友，但她说自己不会结婚。

★ 她的男朋友不想结婚。

8. 她一方面想做一个优秀的职业妇女，另一方面又希望能有更多时间跟孩子在一起。

★ 她不想工作了。

9. 阿兰是我大学同学中最漂亮的女生，她不但学习好，性格也不错，很多男生都很喜欢她。

★ 阿兰的性格不太好。

10. 照顾一个家可不容易。米呀、盐呀、水电呀，都要有人管，更不要说打扫房间、照顾孩子这些花时间的活儿了。

★ 照顾一个家不容易。

第二部分

⊙一共 15 个题，每题听一次。

例如：女：来北京好多年了吧？你觉得北京和你的家乡在气候上
　　　　有什么区别？

　　　男：夏天都差不多，只是冬天北京比较冷，而我的家乡更
　　　　暖和。

　　　问：他们在谈什么？

现在开始第 11 题：

11. 男：您好，我想找一下王教授。
　　女：王教授现在不在，去开会了，您过一会儿再打过来吧。
　　问：他们最可能在做什么？

12. 男：你怎么又迟到了啊？
　　女：因为路上堵车了，但我保证下次一定不会再迟到。
　　问：女的怎么了？

13. 男：今天打扮得很漂亮啊，是因为今晚又有演出吗？
　　女：没错，这已经是我们公司今年安排的第五场演出了。
　　问：女的可能是做什么的？

14. 女：你的考试成绩还没有出来吗，估计还要多长时间？
　　男：还没有，原来通知的是 6 月 8 号，后来提前到 6 月 5 号了。
　　问：考试成绩什么时候出来？

15. 女：小刘，打扰你一下，我这台电脑一直不能上网，你能帮我
　　　看看吗？
　　男：好。我把这个电话打完就帮你看。
　　问：男的是什么意思？

16. 男：请问，如果我想到你们公司工作，我应该在哪里申请呢？

女：你去我们公司的网站填申请表吧。

问：男的应该怎么申请？

17. 女：我好口渴啊，你知道这附近哪儿有卖饮料的吗？

男：学校对面有商店，你出门往左走就能看到。

问：女的在找什么？

18. 男：昨天去看篮球比赛的观众多吗？

女：多啊，比赛很精彩，大家一直在给运动员加油呢。

问：女的昨天去做什么了？

19. 女：小李这个人怎么样呀，我想把他介绍给我同学。

男：小李很不错啊，不仅人长得帅，而且还很幽默。

问：根据对话，可以知道小李怎么样？

20. 女：每次考试之前我都睡不着，所以考试的时候精神不好。

男：那是因为你太紧张了，你在睡觉之前听点儿轻松的音乐吧。

问：关于女的，可以知道什么？

21. 女：我晚上要加班，你能开车来接我吗？

男：没问题。你大概几点下班呢？

问：女的要干什么？

22 男：感觉你心情不太好啊，发生什么事了吗？

女：我没有按时完成任务，开会的时候被老板批评了。

问：女的怎么了？

23. 女：这次去中国玩儿得很开心吧？

男：当然啦，我印象最深的是参观长城。

问：男的去中国做什么？

24. 男：周末有空吗，一起去听京剧吧？

女：我本来准备和小刘去看电影的，但是他要考试，我还是和你一起去听京剧吧。

问：女的周末要做什么？

25. 女：还有一个小时会议就要开始了，我坐出租车过去应该来得及吧？

男：这会儿可能会堵车，你还是坐地铁吧。

问：女的可能怎么去开会？

 第三部分

⊙一共 20 个题，每题听一次。

例如：男：小姐，您好，这是您的房卡。

女：谢谢！你们的餐厅在哪儿？

男：从这儿往前走，左边就是。

女：好，谢谢！

问：男的最可能是做什么的？

现在开始第 26 题：

26. 男：小张的乒乓球打得那么好，他应该是专业运动员吧？

女：完全正确，他经常在乒乓球比赛中获奖。

男：那我可以请他教我打乒乓球吗？

女：当然可以。我去跟他说吧。

问：男的想学什么？

27. 女：你好，我想申请到美国的签证，我应该去哪里办呢？

男：您带护照了吗？

女：带了。

男：那您先填一下这个表格吧，填好之后带着护照到前面的办
公室申请就可以了。

女：好的，谢谢你。

问：男的最可能在哪儿？

28. 男：王教授今天到，你安排人去机场接他了吗？

    女：安排了，小张下午会去。

    男：好的，希望这次不要再错过了。

    女：我知道了，这次一定不会再记错航班了。

    问：谁会去机场接人？

29. 男：小王，你把我们上次出去玩的照片发给我吧。

    女：对不起啊，我一直忘了。

    男：没事，我也不着急。

    女：那我今晚就用电子邮件发给你。

    问：女的要给男的发什么？

30. 女：抱歉啊，昨天没能参加你们的晚会。

    男：你要能来就好了，所有的大学同学都参加了。

    女：是啊，如果昨天公司不需要加班，我肯定也参加了。

    男：没关系，我们下个月还会组织活动，你下次再参加吧。

    问：女的昨天没能参加什么？

31. 女：听说公司附近开了一家新饭馆，是真的吗？

    男：对，就在公司对面，我上班的时候看到了。

    女：太好了，正好周末有亲戚过来找我，我们可以去那里吃饭。

    男：可以啊，这个饭馆很受欢迎呢。

    问：女的周末可能会去哪里？

32. 女：我准备明天带女儿去动物园，她想去看狮子。

    男：你们要注意安全啊，有些动物很危险。

    女：那你还是和我们一起去吧。

    男：好吧，你们先去，我开完会再去找你们。

    问：男的要干什么？

33. 男：你在哪儿买的葡萄啊，看着真新鲜。

    女：在我家附近的超市买的。

    男：多少钱一斤啊？

女：五块钱一斤，两斤花了十块钱。

问：葡萄多少钱一斤？

34. 男：你昨晚看电视了吗，就是篮球比赛那个节目。

女：我出去看电影了，没来得及看，结果怎么样啊？

男：太可惜了！中国队只差一分就赢了。

女：只差一分，确实很可惜啊。

问：中国队的比赛成绩怎么样？

35. 女：麻烦你把空调的温度开高一点，好吗？

男：怎么了，你感觉冷吗，是不是感冒了？

女：没有，我觉得空调的温度太低了，很浪费电。

男：你说得对，我们应该节约用电。

问：女的为什么要求把空调的温度开高一点儿？

第 36 到 37 题是根据下面一段话：

很多人都想知道应该怎样选择一份合适的礼物。要回答这个问题，我们首先要考虑我们的礼物要送给谁。如果要送礼物给一个女人，我们可以选择鲜花、巧克力等；如果是送给男人，我们可以选择手表、钱包等。

36. 这段话主要是关于什么的？

37. 给男人送什么比较好？

第 38 到 39 题是根据下面一段话：

现在，越来越多的人喜欢喝茶，因为他们认为喝茶对身体有好处。其实这只说对了一半，因为除了好处，喝茶过多对身体也有坏处。科学研究发现，白天喝茶太多的人晚上往往睡不好觉。

38. 这段话主要讲什么？

39. 喝茶过多会影响什么？

第 40 到 41 题是根据下面一段话：

各位顾客，大家好！欢迎您来到我们超市购物，为了感谢您的支持，我们举办了商品打折活动，欢迎您购买。如果您在我们超市购买电视、电脑，我们会免费送到您要求的地方。祝您购物愉快！

40. 说话人最可能在哪儿？

41. 购买什么可以免费送货？

第 42 到 43 题是根据下面一段话：

　　学校的图书馆比以前好多了，以前图书馆的书特别少，老师要求我们阅读的好多书在图书馆都借不到。现在情况不一样了，不仅图书馆的书增加了，而且我们还能用自己的电脑在图书馆里上网。

42. 说话人最可能是谁？

43. 图书馆现在怎么样？

第 44 到 45 题是根据下面一段话：

　　现在的年轻人每个月能拿到的工资是我们那个时候的好几倍。记得我 30 年前参加工作那会儿，每个月才发 50 块钱的工资。我儿子现在写一篇新闻报道就能拿到好几百块钱的奖金。

44. 说话人大约多少岁？

45. 说话人的儿子最有可能是做什么的？

听力考试现在结束。

参考答案及题解（二）
（中英文）

1. 听力

第一部分

题号	答案	题解	Explanation
1	✔	"既然那家饭馆的饭菜好吃、价格便宜"，应该让他们每天给我们公司提供午饭。	Since that restaurant offers delicious food with good prices, we should let them deliver food to us every day.
2	✔	现在他已经能用中文跟客人们聊天了。	He can chat with guests in Chinese now.
3	✘	我的钱不够，也没地方借钱，只好放弃了这个机会。	I didn't have enough money, and I can't find somebody to borrow either, therefore I had to give up this chance.
4	✔	我们公司招聘人才时看能力，不看关系。无论是谁，想进我们公司都得先经过考试。	Our company employs personnel by ability, not relying on connections. Whoever wants to work in our company must take a test first.
5	✘	这本书的内容很精彩，所以我一直记得。可是书的作者，我却早就忘记了。	I can always remember the wonderful content of this book, but I have already forgotten the author.

6	✓	"今天是张琳第一次带男朋友回家"，说明她的男朋友是第一次见她的父母。	"Today is the first time that Zhang Lin takes her boyfriend to meet her parents" implies that this is the first time for her boyfriend to meet her parents.
7	✗	王玲说自己不会结婚，说明是她自己不想结婚。	Wang Ling says she won't get married, which implies that she doesn't want to get married.
8	✗	"她一方面想做一个优秀的职业妇女，另一方面又希望能有更多时间跟孩子在一起"，说明她想工作。	On the one hand, she wants to be a professional woman; but on the other hand, she longs to spend more time with her children.
9	✗	阿兰"性格也不错"，很多男生都很喜欢她。	Alan "has a good disposition". Many boys like her.
10	✓	第一句话说"照顾一个家可不容易"。	The first sentence says:"It is not easy to run a household."

第二部分

题号	答案	题解	Explanation
11	C	"打过来"是打电话时经常用到的话。	The expression "打过来(call back)" is frequently used in telephone conversations.
12	B	女的说她因为堵车迟到了。	The woman says that she is late because of the traffic jam.
13	B	"演出"说明了她的演员身份。	We can infer that the woman is an actress from the word "演出(perform)".
14	B	"提前到6月5号了"表示把原来的时间向前改动到6月5号了。	The sentence "提前到6月5号了" indicates that the original time has been forwarded to June 5th.
15	A	"好"说明小刘愿意帮忙。	"好" indicates that Xiao Liu is willing to help.
16	A	"网站填申请表"说明男的需要上网申请。	The sentence "网站填申请表" indicates that the man needs to fill out the application form on the internet first.

17	C	男的说"学校对面有商店"，说明女的在找商店。	The man says that "the school is facing the store", so we can infer that the woman is looking for a store.
18	B	"比赛"、"观众"、"精彩"、"加油"等词说明女的去看篮球比赛了。	"Competition", "audience", "wonderful", "make more effort" and other words explain that the woman has watched the basketball game.
19	A	男的说小李很幽默。	The man says that Xiao Li is very funny.
20	B	女的说当考试到来时她会睡不着，精神不好。	The lady says that when the test arrived she was not able to sleep; her mood was therefore not good.
21	D	女的说她晚上需要加班，希望男的能开车去接她。	The woman says she will work overtime tonight, so she hopes that the man is able to drive to pick her up.
22	D	女的因为没有按时完成任务被老板批评了。	The woman was criticized by her boss since she didn't complete her task on time.
23	D	"玩儿"、"参观长城"等词说明男的去中国旅游了。	"Have a good time", "visit the great wall" and other words explain that the man has travelled in China.
24	C	"和你一起去听京剧"表示女的周末会和男的一起去听京剧。	By saying "we will listen to Beijing Opera together", the woman is expressing that she wants to go together with him and listen to the Beijing Opera.
25	B	男的说可能会堵车，建议女的坐地铁去开会。	The man said there may be a traffic jam, so he recommends her to take the subway.

第三部分

题号	答案	题解	Explanation
26	D	男的希望小张教他打乒乓球，说明他想学乒乓球。	The man hopes Xiao Zhang would teach him to play ping-pong, which indicates that he wants to learn how to play ping-pong.
27	C	"签证"、"护照"说明对话发生在大使馆。	"Visa" and "passport" indicate that the conversation took place in the embassy.
28	C	女的说她已经了安排小张去机场接王教授。	The woman says that she has already asked Xiao Zhang to meet Professor Wang at the airport.

29	A	男的让女的用邮件把出去玩儿时拍的照片发给他。	The man asks the woman to send him the pictures via e-mail.
30	A	女的因为加班错过了参加"晚会"。	The woman missed the "party" because she had to work overtime.
31	D	女的说因为亲戚要过来，她会去男的介绍的那家饭馆吃饭。	The woman says that she will have a dinner with her relatives in the restaurant which the man has introduced to her.
32	C	男的说开完会去找她们，说明他要先开会。	The man says that he will go to the zoo after a meeting. We can infer that he will have a meeting.
33	B	女的说葡萄五块钱一斤。	The woman says that the grapes are sold for five yuan per 500 grams.
34	A	男的说中国队只差一分就赢了，说明中国队输了。	The man said that the Chinese Team failed by one point in the game, which indicates that the Chinese Team has lost the game.
35	D	"浪费"与"节约"的意思相反。女的说空调的温度太低"很浪费电"，说明她想省电。	"浪费" describes "节约" with an opposite meaning. The woman says, the air conditioner temperature is very low, "it wastes a lot of electricity". It explains that she wants to save power.
36	C	全段都在讲怎么选择合适的礼物。	The whole paragraph is talking about how to select a suitable present.
37	B	该段第三句话"如果是送给男人，我们可以选择手表、钱包等"。	The third sentence of the paragraph is the answer. "If it is given to a man, we can choose a watch, wallet, etc."
38	D	全段主要在讲喝茶的坏处。	The whole paragraph is talking about the disadvantages of tea drinking.
39	D	该段第三句话"科学研究发现，白天喝茶太多的人晚上往往睡不好觉"。	The third sentence of the paragraph is the answer. "Scientific research discovered that people who drink too much tea during the day will have difficulties to sleep."
40	C	"顾客"、"购物"等词说明说话人在超市。	We can infer that the speaker is in the supermarket from the words "customer", "shopping".

41	D	该段第二句话"如果您在我们超市购买电视、电脑，我们会免费送到您要求的地方"。	The second sentence of the paragraph implies the answer. "If you buy a TV, or a computer at the supermarket, we will provide you a free delivery to your home".
42	B	说话者的老师要求他们读书，可以判断说话者是学生。	The speaker says their teacher has asked them to read books, so we can infer that the speaker is a student.
43	A	该段第三句话"图书馆的书增加了"。	The third sentence of the paragraph "the library has increased the amount of books" implies the answer.
44	D	"那会儿"是那时候的意思。参加工作一般是二十多岁，"30年前参加工作"，他现在应该是五十多岁。	"那会儿" is the time when it happened. People usually start working in their twenties. "I started to work thirty years ago", he should therefore be over fifty years old now.
45	A	"写一篇新闻报道"是记者的工作内容，所以说话者的儿子最有可能是记者。	"Writing a news report" is what a journalist does when working. So we can infer that the son of the speaker is a journalist.

2. 阅读

第一部分

题号	答案	题解	Explanation
46	B	我以前叫过这个名字，不过上中学时爸爸妈妈商量了以后给改了。	I had used that name before, but my parents changed it after discussion when I entered the middle school.
47	D	CA186航班将于19:50准时起飞。	Flight CA186 will take off on time at 19:50.
48	C	最近这段时间我们工作很忙，不比你们轻松。	We are very busy recently, not relaxed than you.
49	E	我们早上出发的时候你看上去就不太舒服，现在感觉怎么样？	You don't seem yourself when we start out in the morning. How are you feeling now?
50	A	学习态度的改变使他的学习成绩很快提高了不少。	The changes in his study attitude improve his grades a lot quickly.

51	C	他的脚受伤了，只好放弃比赛了。	He got his foot hurt; he had to give up the competition.
52	F	这种学校的学费是很低，但是学习条件一般都不太好。	The tuition of this kind of school is very low, but the study conditions are not very good generally.
53	D	这个菜的味道有点怪，是不是坏了？	The dish tastes a bit strange. Has it gone bad?
54	B	你知道到底有多少人参加我们的晚会？	Do you know how many people will join our party on earth?
55	E	我已经邀请他晚上过来吃饭，就看他有没有时间了。	I've already invited him to come for dinner tonight. It depends on whether he has time.

第二部分

题号	答案	题解	Explanation
56	ACB	他是一位好父亲，无论多忙，都找时间跟孩子们交流。	He is a good father. He is always willing to spend time communicating with his children no matter how busy he is.
57	ABC	一位从东北开车过来的家长说，孩子生活能力差，实在不放心让他自己来。	A parent who drove from the northeast China says that his child's independent living skills are poor, and he is not really rest easy to let his child come alone.
58	CBA	硕士毕业后，我去了加拿大，他去了美国，我们就再也没见过面。	After graduating from the Master, I went to Canada and he went to the United States. Since then, we have not seen each other.
59	ABC	他们结婚以后，天天都在外面吃饭，从来没有自己做过饭。	They have been eating out every day since they got married, never cooking a meal themselves.
60	CAB	没有人愿意跟张洋做朋友，他做每一件事都只为自己，从来不考虑别人。	Nobody will make friends with Zhang Yang, (since) he does everything only for himself, never cares about others.

61	ACB	年轻的父母告诉我们，现在每家都只生一个，所以孩子到底应该跟谁姓是一个大问题。	Young parents tell us that now a couple only has one child, so it's a big problem that the only child should follow which parent's surname.
62	BCA	日本的姓是世界上最多的，有 20 多万个，中国只有 4 600 多个。	Japan has more than twenty thousand surnames, the most surnames in the world, and China only has more than 4,600 surnames.
63	ACB	法国总统昨天访问了北京，他下午一点到达北京，晚上八点离开。	The French president had a whirlwind visit to Beijing yesterday afternoon. He arrived in Beijing at 1 p.m. and left at 8 p.m.
64	ACB	打电话的人不可能是小赵，更不可能是小王，因为小王一直和我在一起。	Xiao Zhao can't be the one who made the phone call. Xiao Wang is even less possible, because Xiao Wang was with me the whole time.
65	BAC	天气不好，飞机晚点，让您久等了。	The flight was delayed because of bad weather. Sorry to keep you waiting for so long.

第三部分

题号	答案	题解	Explanation
66	B	"帮你降温"与绿茶"让你感觉凉快"同义，说明答案为 B。	The green tea "helps you to cool down" has the same meaning with "makes you feel cool", which indicates that the answer is B.
67	D	"不过这里最吸引人们的是他们的咖啡杯"，说明答案是 D。	We can infer that the answer is D from the sentence "However, the most attractive thing here is their coffee cups".
68	C	"参加晚会的人请现在来我这儿报名"说明答案是 C。	"People who will attend the evening party please come here and sign up right now", which indicates that the answer is C.
69	C	妹妹喜欢"跟朋友们一起唱歌、聊天"。	My sister enjoys "singing and chatting with friends".

70	A	深圳"现在已经成为了一个富有和发展很快的现代化城市"。	Shenzhen has become a wealthy and quickly developing modern city.
71	D	全聚德已经有"140多年"的历史了。	Quanjude owns a history of over "140 years".
72	A	老师提醒同学们"不要紧张"、"仔细地看题"，说明应该选 A。	The teacher reminds students "not to be nervous" and to "check the questions carefully", which indicates that we should choose A.
73	A	"这两天这种电视卖得很火"说明这种电视很受欢迎。	"这两天这种电视卖得很火" means that this kind of television is very popular and sells well.
74	D	"这样"指的是"父母要多和孩子聊天，多了解孩子的想法"。	"这样" indicates that "parents should make more talks with their children and understand their children well".
75	D	"不是……而是……"，肯定了成功者是坚持理想的人。	"不是……而是……" means "Not…, but…", which indicates that the winners are always those who stick to their dreams.
76	C	"头疼"、"咳嗽得厉害"说明阿里生病了。	"Headache" and "cough terribly" indicate that Ali is ill.
77	A	"越来越受人欢迎"、"喜欢看这个节目的人更多了"说明这个节目现在办得很好。	"Becomes more and more popular" and "more and more people enjoy watching this program" indicate that the program runs very well.
78	C	爸爸妈妈送我们一辆车做"结婚"礼物。	Our parents gave us a car as a wedding gift.
79	D	第一句话说给人印象不好的人"很难与别人交朋友"。	The first sentence tells us that people who give negative impressions to others are "difficult to make friends with".
80	A	第一句"其中20~30岁的学生最喜欢上网买东西"说明答案是 A。	The first sentence"Students between 20 and 30 years old love shopping online most" indicates that the answer is A.

81	B	最后一句"最吸引人的是送货速度非常快"说明最大的好处是送货快。	The last sentence "Their fast delivering speed is the most attractive" indicates that high speed of delivery is a good means of attracting customers.
82	C	第二句"喜欢吃甜食的人，往往比较热情"说明应该选 C。	The second sentence "People who love desserts are often more warm-hearted" indicates that we should choose C.
83	B	全段主要讲喜欢吃甜食对性格的影响。	The whole paragraph mainly discusses the influence of desserts eating on personalities.
84	D	最后一句讲了中国需要空调的时候澳大利亚是冬天，说明答案选 D。	The last sentence shows that it is winter in Australia when people in China have to use air-conditioners, which indicates that the answer is D.
85	A	第一句话说"中国和澳大利亚的季节正好相反"。	The first sentence says that seasons in China and Australia are just the opposite.

3. 书写

第一部分（参考答案）

86. 我来北京好几个月了。

87. 难道还要他跑一趟？

88. 那辆车跑得很快。

89. 我天天从这条路走。

90. 小王的生日是 1992 年 5 月 10 号。

91. 爸爸和妈妈都很喜欢爬山。

92. 女儿祝您越活越年轻。

93. 他被这个问题问住了。

94. 小王对西方音乐很感兴趣。

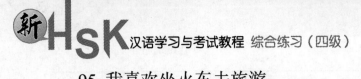

95. 我喜欢坐火车去旅游。

第二部分（参考答案）

96. 我应该怎么走？

97. 今天的菜很新鲜。

98. 他正在擦鞋。

99. 她今天晚上有个约会。

100. 她很瘦但很健康。

新汉语水平考试
HSK（四级）

模拟试题三

注　意

一、HSK（四级）分三部分：

1. 听力（45题，约30分钟）

2. 阅读（40题，40分钟）

3. 书写（15题，25分钟）

二、听力结束后，有5分钟填写答题卡。

三、全部考试约105分钟（含考生填写个人信息时间5分钟）

一、听力

第一部分

⊙ **第 1~10 题：判断对错。**

例如： 我想去办个借书证，明天下午你有时间吗？陪我去一趟图书馆。

★ 他打算明天下午去图书馆。 （✓）

身高只有一米六，他是世界上最著名的矮个子篮球运动员。他曾经说过："篮球不只是让那些高个子打的，也是给那些喜欢它的人们打的。"

★ 他是个高个子的篮球运动员。 （✗）

1. ★ 他已经去过那个地方了。 （ ）

2. ★ 他会开飞机。 （ ）

3. ★ 她还没有男朋友。 （ ）

4. ★ 他是一个外国人。 （ ）

5. ★ 他正在减肥。 （ ）

6. ★ 今天结婚的人很多。 （ ）

7. ★ 她天天给妈妈打电话。 （ ）

8. ★ 他觉得认汉字比较难。 （ ）

9. ★ 他女儿的汉语不错。 （ ）

10. ★ 妈妈很想儿子。 （ ）

第二部分

⊙ **第 11~25 题：请选出正确答案。**

例如： 女：来北京好多年了吧？你觉得北京和你的家乡在气候上有什么区别？

男：夏天都差不多，只是冬天北京比较冷，而我的家乡更暖和。

问：他们在谈什么？

A. 文化　　　　B. 风景　　　　C. 职业　　　　D. 气候 ✓

11. A. 不想回家　　　　　　　　　B. 想去看妈妈
　　C. 让妻子接孩子　　　　　　　D. 想和朋友出去玩

12. A. 儿童节　　　　　　　　　　B. 女儿生病了
　　C. 妻子过生日　　　　　　　　D. 巧克力很便宜

13. A. 坐游船　　　B. 坐飞机　　　C. 坐火车　　　D. 坐地铁

14. A. 早点出发　　B. 坐火车　　　C. 坐飞机　　　D. 换一辆车

15. A. 很喜欢　　　　　　　　　　B. 很不喜欢
　　C. 不怎么喜欢　　　　　　　　D. 想看一下再说

16. A. 文化　　　B. 职业　　　　C. 风景　　　　D. 爱好

17. A. 喜欢旅游　　　　　　　　　B. 工作很忙
　　C. 暂时不要孩子　　　　　　　D. 没时间养孩子

18. A. 上网　　　　　　　　　　　B. 中学同学
　　C. 朋友介绍　　　　　　　　　D. 公司同事

19. A. 网上　　　B. 报纸上　　　C. 电视上　　　D. 收音机上

20. A. 给手机充电　　　　　　　　B. 男的换电池
　　C. 用她的手机　　　　　　　　D. 再买一个手机

21. A. 云南　　　B. 海南　　　　C. 北京　　　　D. 上海

22. A. 超市的关门时间　　　　　　B. 最近的天气情况

C. 最近超市的变化　　　　　　D. 最好几点去超市

23. A. 要交作业　　　　　　　　B. 要考试了

　　C. 对学习有兴趣　　　　　　D. 下个星期开学

24. A. 她经常出差　　　　　　　B. 她经常看见他

　　C. 她最近没来上班　　　　　D. 她天天在办公室

25. A. 去年更热　　　　　　　　B. 今年很热

　　C. 他不怕热　　　　　　　　D. 她很怕热

第三部分

⊙ **第 26~45 题：请选出正确答案。**

例如：男：小姐，您好，这是您的房卡。

　　女：谢谢！你们的餐厅在哪儿？

　　男：从这儿往前走，左边就是。

　　女：好，谢谢！

　　问：男的最可能是做什么的？

　　A. 演员　　B. 记者　　C. 售货员　　D. 服务员 ✓

26. A. 小王有个妹妹　　　　　　B. 妹妹的同学是小王

　　C. 小王是他妹妹的同学　　　D. 小王和同学长的很像

27. A. 便宜点儿的　　　　　　　B. 靠窗口的

　　C. 离出口近的　　　　　　　D. 连在一起的

28. A. 应该多买菜　　　　　　　B. 水果应该买贵的

　　C. 水果应该吃新鲜的　　　　D. 他想自己买水果

29. A. 超市　　　　　　　　　　B. 邮局

　　C. 网上　　　　　　　　　　D. 学校

30. A. 杂志　　　　　　　　　　B. 报纸

　　C. 小说　　　　　　　　　　D. 笔记本

31. A. 去植物园　　　　　　　　　B. 不喜欢花儿
　　C. 随便去哪儿　　　　　　　　D. 去附近的公园

32. A. 高兴　　　　B. 吃惊　　　　C. 后悔　　　　D. 担心

33. A. 运动　　　　B. 上网　　　　C. 拍照　　　　D. 复印

34. A. 爸爸　　　　B. 妈妈　　　　C. 女儿　　　　D. 妻子

35. A. 收入低　　　　　　　　　　B. 机会少
　　C. 不想太累　　　　　　　　　D. 上班地点太远

36. A. 一本新书　　　　　　　　　B. 家庭教育
　　C. 成长规律　　　　　　　　　D. 家教实例

37. A. 家庭教育的各种问题　　　　B. 家长和孩子的关系
　　C. 几百个家教的实例　　　　　D. 孩子们的成长规律

38. A. 很重　　　　　　　　　　　B. 很长
　　C. 聪明　　　　　　　　　　　D. 有耐心

39. A. 减轻体重　　　　　　　　　B. 经常奖励
　　C. 每次进步一点　　　　　　　D. 长时间的训练

40. A. 文化　　　　　　　　　　　B. 学习方法
　　C. 个体差异　　　　　　　　　D. 努力程度

41. A. 大多数人不同意　　　　　　B. 女孩的数学比男孩差
　　C. 与人们的习惯想法不同　　　D. 男孩在数学方面比女生聪明

42. A. 导游　　　　　　　　　　　B. 警察
　　C. 司机　　　　　　　　　　　D. 医生

43. A. 根很浅　　　　　　　　　　B. 能织网
　　C. 比较矮小　　　　　　　　　D. 容易被风吹倒

44. A. 观众　　　　　　　　　　　B. 运动员
　　C. 教练员　　　　　　　　　　D. 工作人员

45. A. 是个日本人　　　　　　　　B. 得了第一名
　　C. 一直游在最前面　　　　　　D. 大家对她很有信心

二、阅读

第一部分

⊙ **第46~50题**：选词填空。

A.重视　B.选择　C.尊重　D.影响　E.看望　F.民族

例如：同事间当然应该互相信任、互相支持、互相（ C ）。

46. 后来，我考入大学历史系，和刘老师的（　）有极大的关系。

47. 星期天中午，我去医院（　）病人。

48. 中国的西南角有很多的少数（　）。

49. 如果我们不（　）这个问题，孩子就容易养成发脾气的坏习惯。

50. 女孩子们对衣服颜色的（　）往往与她们的性格有关。

⊙ **第51~55题**：选词填空。

A.印象　B.瘦　C.一定　D.满意　E.附近　F.抱歉

例如：A：真（ F ），我迟到了。

　　　　B：没关系，表演还有5分钟才开始。

51. A：经理，您对新办公室的环境还（　）吗？

　　B：不错，谢谢。

52. A：明天的面试很重要，你千万不要迟到。

　　B：我知道了，别担心，我（　）会准时到的。

53. A：怎么买这么多巧克力，你不减肥了？

　　B：减了一个月都没有（　）下来，我实在没有信心了。

54. A：你对他的（　　）怎么样？

　　B：他很有礼貌，就是太马虎了。

55. A：请问，（　　）有超市吗？

　　B：前面那个路口有个大超市。

第二部分

⊙ 第 56~65 题，排列顺序。

例如：A. 然而在红海里

　　　B. 不会游泳的人最怕掉进水里

　　　C. 人可以躺在水面上不会沉下去　　　　 B A C

56. A. 但他们心情很好

　　B. 尽管压力挺大

　　C. 一直在互相鼓励、互相加油　　　　_____

57. A. 我回到家里

　　B. 没想到竟然被他看到了

　　C. 把自己的故事写下来　　　　_____

58. A. 数量仅 1 000 多只

　　B. 熊猫是中国特有的动物

　　C. 它长得很可爱，所以很多人喜欢它　　　　_____

59. A. 就可以活到 99

　　B. 听说人们只要抱一抱这棵古树

　　C. 村口有一棵生长了千年的古树　　　　_____

60. A. 也不同程度地害怕高深的数学

　　B. 就连许多聪明的学数学的研究生们

　　C. 数学历来是许多学生头疼的一门课　　　　_____

61. A. 他很年轻

B. 比同年龄的人更成熟

C. 可是遇到问题很冷静　　　　　＿＿＿＿＿＿＿

62. A. 然而对于乘坐公共交通的人们来说

B. 开车的人出行难

C. 出行也不是件容易的事儿　　　　＿＿＿＿＿＿＿

63. A. 这个地方早晚温度变化大

B. 出门时最好带上雨伞

C. 经常下雨　　　　　　　　　　　＿＿＿＿＿＿＿

64. A. 2003 年时，泰国教汉语的中小学校只有 305 个

B. 而且主要为华人学校

C. 今年已经增加到了 1 440 个　　　＿＿＿＿＿＿＿

65. A. 就是到亲戚朋友和邻居们那里去祝贺新年

B. 按照中国的习惯

C. 春节里的一个重要活动　　　　　＿＿＿＿＿＿＿

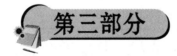

第三部分

⊙ **第 66~85 题：** 请选出正确答案。

例如： 在中国生活的三年使他在音乐方面有了很多新的想法，他把
京剧的一些特点增加到自己的音乐中，取得了很好的效果。
★ 根据这段话，可以知道他：
A. 很热情　　　　　　B. 会唱京剧
C. 受到京剧影响 ✓　　D. 离开中国三年了

66. 一个孩子是不是优秀，其实最重要的不是看他现在的成绩好不
好，而是看他有没有养成好的习惯。
★ 这段话告诉我们，优秀的孩子有：
A. 好成绩　　　B. 好态度　　　C. 好习惯　　　D. 好性格

67. 长白山是中华十大名山之一，它也是中国东北地区最高的山之一，它的名字也很美好。

   ★ 长白山在哪儿？

   A. 东北地区　　　B. 西北地区　　　C. 西南地区　　　D. 东南地区

68. 玛丽，我这儿不卖茶叶，不过我有一个亲戚卖茶，如果你想买的话，我给你他的电话号码，你跟他联系。

   ★ 玛丽想买什么？

   A. 手机　　　　　B. 电话　　　　　C. 茶叶　　　　　D. 茶壶

69. 小刘，今年暑假有几位学生去你们学校学习，你得安排他们在北京参观一下，如果他们有什么问题，你也帮他们解决一下。

   ★ 小刘的工作最有可能是：

   A. 律师　　　　　B. 老师　　　　　C. 医生　　　　　D. 运动员

70. 您好，这是我们公司新生产的手机，它非常轻，非常漂亮，可以上网、照相、打电话，很多女孩子喜欢它。

   ★ 说话人在做什么？

   A. 上课　　　　　B. 招聘　　　　　C. 道歉　　　　　D. 介绍

71. 我们常说要学会感谢别人，但是学会感谢别人的同时也要学会感谢自己。感谢自己为自己的进步所做出的努力，感谢自己能及时发现自己的缺点。

   ★ 这段话主要说，我们应该学会：

   A. 原谅自己　B. 尊重别人　　　　C. 感谢别人　　　D. 感谢自己

72. 我喜欢看这个节目，它不但广告少，而且还能学习到许多知识，最重要的是，这个节目常介绍旅游的地方。

   ★ 他喜欢这个节目的原因之一是：

   A. 笑话多　　　　B. 内容多　　　　C. 广告少　　　　D. 朋友们都看

73. 今天是周一，很多人都喜欢开车上班，而且外边正在下雨，我们最好早一点儿出发，我怕路上堵车，如果赶不上飞机就麻烦了。

   ★ 他们早一点儿出发的原因是：

   A. 要接朋友　B. 飞机提前了　　　C. 他不会开车　　D. 担心堵车

74. 昨天我带弟弟和妹妹去动物园玩，很多男男女女也都带着小孩子来看熊猫、狮子、老虎、猴子，还有各种颜色的鸟。因为人特别多，我们看了一会儿就走了。

★我们看了一会儿就走了，是因为动物园：

A. 没有人　　　B. 人太多　　　C. 没有小孩　　D. 没有动物

75. 小孩儿长得很快，去年我给儿子买的衣服今年都不能穿了，为了穿得时间长一点，这次我得买大一号的衣服。

★她要买大一号的衣服是因为：

A. 喜欢大衣服　　　　　　　B. 穿得时间长点

C. 好给小儿子穿　　　　　　D. 衣服不能穿了

76. 咖啡是世界三大饮料之一，大部分20岁以上的人每天可以喝2~3杯，但是这个标准不适合所有的人，有些病人喝了咖啡可能对身体有不好的影响。

★每天喝2~3杯咖啡适合：

A. 女人　　　　　　　　　　B. 老人

C. 孩子　　　　　　　　　　D. 大部分成年人

77. 如果想学好汉语，只记住课本上的、词典里的字词是不够的，最好要多听多说，因为语言是交流的工具，记住词以后要会正确地使用。

★学好汉语最好的方法是：

A. 记汉字　　　B. 记生词　　　C. 多阅读　　　D. 多听多说

78. 什么是真正的富有？有些人觉得有很多钱就是富有，其实我觉得有健康的身体，有喜爱的工作，有个幸福的家，有很多知识才是真正的富有。

★这段话主要谈：

A. 怎么赚钱　　　　　　　　B. 怎么才幸福

C. 什么是富有　　　　　　　D. 身体健康的重要性

79. 他小时候个子不太高，不过很喜欢打篮球，很想成为一名篮球运动员。随着年龄的增长，他逐渐长高了，坚持练习打篮球，

20 岁的时候，他终于成功了，真让人高兴。

★ "让人高兴" 的是他：

A. 成熟了　　　B. 个子高了　　　C. 有很多钱　　D. 当了运动员

80~81.

家长应该从小锻炼孩子的语言表达能力，遇到困难时鼓励孩子多说而不是哭，同时也要注意自己对待孩子的态度，不能对孩子太严厉或者太保护。另外，哭，并不一定是件坏事。大哭后，孩子可以感觉轻松并且压力减轻。有些学者发现爱哭的人甚至比不爱哭的人更健康。

★ 遇到困难时，家长应该让孩子：

A. 多说　　　　B. 多笑　　　　C. 多哭　　　　D. 多思考

★ 大哭后孩子会觉得：

A. 高兴　　　　B. 身体难受　　　C. 非常伤心　　　D. 压力变小

82~83.

人生最重要的事是什么？也许你会回答，是生命，是工作，是爱情。其实人生最重要的事应该是了解自己，只有了解自己，才能知道自己会在什么时候伤心，什么时候生气，才会知道什么是自己真正需要的。只有弄清楚自己想要的是什么，才能做出最正确的选择，走最正确的路。

★ 作者认为人生中最重要的事是：

A. 生命　　　B. 工作　　　　C. 爱情　　　　D. 了解自己

★ 根据这段话，做出正确选择的条件是：

A. 不伤心　　　B. 不生气　　　C. 努力工作　　　D. 明白要什么

84~85.

一年四季去海南岛旅游的人都很多，不过我认为从 11 月到第二年 2 月去最好，因为那时候，内地有些冷，而在海南岛，气候却还是很不错的，还可以游泳；同时，这时候去海南岛的游客比别的时间少一点；这段时间去的话，无论是预订酒店还是饭店都会稍微容易一些，而且交通也方便一点儿。

★根据这段话，去海南岛旅游，什么时候最好？

A.12 月　　　　B.3 月　　　　C.6 月　　　　D.8 月

★我们知道海南岛的冬天：

A. 游客少　　　B. 有点儿冷　　　C. 饭店不多　　　D. 可以游泳

三、书写

第一部分

⊙ 第 86~95 题：完成句子。

例如：吃得　不太好　对身体　太饱
　　　吃得太饱对身体不太好。

86. 这个　打　包　几折　请问

_____

87. 喝　常常　一起　他们　咖啡

_____

88. 人　宿舍　我们　有　八个

_____

89. 他　高兴　看起来　很不

_____

90. 一头汗　累得　了　他　已经

_____

91. 很多　有　北京　公园

_____

92. 吧 去 一起 我们

_____

93. 跟我 喜欢 聊天 特别 小李

_____

94. 把书包 忘在 玛丽 公交车上 了

_____

95. 花草 种着 屋顶上 各种 好看的

_____

第二部分

⊙ 第 96~100 题：看图，用词造句。

例如：

人民币
我想换一些人民币。

96.

速度

_____

97.  弹钢琴

_____

98.  幸福

_____

99.  一起

_____

100.  计划

_____

听力材料

（音乐，30秒，渐弱）

大家好！欢迎参加 HSK（四级）考试。

大家好！欢迎参加 HSK（四级）考试。

大家好！欢迎参加 HSK（四级）考试。

HSK（四级）听力考试分三部分，共45题。

请大家注意，听力考试现在开始。

第一部分

⊙一共10个题，每题听一次。

例如：我想去办个借书证，明天下午你有时间吗？陪我去一趟图书馆。

★他打算明天下午去图书馆。

身高只有一米六，他是世界上最著名的矮个子篮球运动员。他曾经说过："篮球不只是让那些高个子打的，也是给那些喜欢它的人们打的。"

★他是个高个子的篮球运动员。

现在开始第1题：

1. 我想去桂林，可是我有时间的时候却没有钱，有钱的时候却没时间。

★他已经去过那个地方了。

2. 邓浩是一家公司的经理，平时工作中经常出差，他经常开玩笑说自己是"空中飞人"。

★他会开飞机。

3. 小秦经常参加朋友间举行的各种活动，爬山、郊游，但一直没有遇到自己的"另一半"。

★她还没有男朋友。

4. 他骄傲地说："我到过的地方比很多中国人都多！"

★他是一个外国人。

5. 每一次来中国，他都会增加体重。因为在他们国家，人们一餐只吃一两盘食物，而在中国，服务员总是不停地上菜。

★他正在减肥。

6. 农历七月初七，安安起了个大早，和男朋友去结婚。来到申请结婚的地方，他们发现这里早就已经排起了很长的队。

★今天结婚的人很多。

7. 妈妈，您现在过得怎么样？已经一个星期没跟您联系了，因为学习太忙，快要考试了。

★她天天给妈妈打电话。

8. 对他来说，认识汉字不是问题，发音却很有挑战性。

★他觉得认汉字比较难。

9. 让我感到骄傲的是，女儿已经 5 岁了，在国外生活了两年多，但还是能够百分之百地用汉语表达自己的想法。

★他女儿的汉语不错。

10. 妈妈想儿子的时候，就把思念写在日记里。几年下来，文化程度不高的妈妈，竟然写下了厚厚的五大本日记。

★妈妈很想儿子。

第二部分

⊙一共 15 个题，每题听一次。

例如：女：来北京好多年了吧？你觉得北京和你的家乡在气候上

有什么区别？

男：夏天都差不多，只是冬天北京比较冷，而我的家乡更暖和。

问：他们在谈什么？

现在开始第 11 题：

11. 男：喂，孩子他妈，今天我有点事，你去接孩子吧。

女：好，你早点回家。

问：男的是什么意思？

12. 女：怎么买这么多巧克力？要送谁啊？

男：今天是儿童节，我女儿最喜欢吃巧克力。

问：男的为什么买巧克力？

13. 男：听说你打算去海南玩？

女：是啊，已经买好机票了。

问：女的怎么去海南？

14. 女：明天几点出发？八点怎么样？

男：你最好提前一点儿，最近去火车站的路上总是堵车。

问：男的建议女的干什么？

15. 女：你觉得这部电影怎么样？

男：可能你们女孩子更喜欢这样的电影。

问：男的是什么意思？

16. 男：你平时最喜欢干什么？

女：我最喜欢打太极拳，听收音机。

问：他们在谈什么？

17. 女：你打算什么时候要孩子？

男：现在还没有打算，先玩儿三年再说。

问：男的是什么意思？

18. 男：你怎么认识他的？

女：网上认识的。

问：男的和女的怎么认识的？

19. 女：今天有什么新闻？

男：今天我的电脑坏了，我也不知道。

问：男的平时在哪儿看新闻？

20. 男：我的手机快没电了。

女：没关系，你可以用我的手机，我有两块电池。

问：女的是什么意思？

21. 女：今年寒假准备去哪儿玩？

男：本来打算去云南，可是机票不打折，只好去海南。

问：现在男的打算去哪儿？

22. 男：超市几点关门？

女：现在天气热了，晚上一般八点半才关门。

问：他们在谈什么？

23. 女：这么晚了还在学习呀？

男：下个星期一考试。

问：男的为什么还在学习？

24. 男：最近忙什么呀，怎么一直没看见你？

女：我天天都在办公室呀，是你经常出差吧。

问：女的是什么意思？

25. 女：今年夏天可真热。

男：这算什么呀，你去年夏天不在这儿吗？

问：男的是什么意思？

第三部分

⊙ 一共 20 个题，每题听一次。

例如：男：小姐，您好，这是您的房卡。

女：谢谢！你们的餐厅在哪儿？

男：从这儿往前走，左边就是。

女：好，谢谢！

问：男的最可能是做什么的？

现在开始第 26 题：

26. 男：小王，这是谁？

女：我的同学。

男：长得挺像你，我还以为是你的妹妹呢。

女：我要有个妹妹就好了。

问：根据对话，可以知道什么？

27. 男：您好，我们一共五个人，想买坐在一起的票。

女：我查一下，对不起，只有 4 张票连在一起了，可以吗？

男：好吧，没关系。

女：给您票。

问：男的想要什么样的票？

28. 男：你怎么买这么多水果？

女：看见便宜，我就忍不住买了。

男：下次少买点，天天吃新鲜的多好。

女：好，是应该少买点。

问：男的是什么意思？

29. 女：您好，请问这里是王红女士的家吗？

男：是的，有事儿吗？

女：她在网上订购了一本书，我是送货的。

男：好，谢谢。

问：王红在哪儿买的书？

30. 男：我昨天刚买的笔记本，怎么找不到了？

女：什么颜色的？

男：黑色的，我就放在书架上。

女：不用找了，你昨天不是带到公司里去了吗？

问：男的在找什么？

31. 女：明天放假，咱们去哪儿玩？

男：你决定吧。

女：我想去植物园玩，这几天天气好，很多花应该都开了。

男：植物园又远人又多，我看就去附近的公园晒晒太阳得了。

问：男的是什么意思？

32. 男：你怎么又回来了？

女：因为天气不好，航班取消了。

男：那太好了。

女：是呀，又可以在家多待一些时间了。

问：女的是什么心情？

33. 女：对不起，请你帮我拍一下好吗？

男：没问题。是按这儿吗？

女：是的，按这儿就可以了，我喜欢人大一点，背景小一点。

男：好，你看这张怎么样？

问：他们在干什么？

34. 男：您好，我想给妈妈买个手机，请您介绍一下。

女：这几种手机比较适合老人使用。

男：我妈妈眼睛不好，需要字比较大的。

女：那这种手机不错，字可以变得很大。

问：男的在给谁买手机？

35. 女：我最近换了个工作。

男：为什么，你以前的那个工作不是很好吗？

女：收入虽然很高，但是太累了。

男：也是，天天加班，钱多也没时间花。

问：女的为什么换工作？

第36到37题是根据下面一段话：

这本书为了解决家庭教育中会遇到的各种新问题，提出了全新的"成长有规律"的教育观点，用几百个生动的家教例子，让人深深地认识到"成长有规律，长大不容易"，是家长和孩子可以共同阅读一生的教育书。

36. 说话人在介绍什么？

37. 这段话中的教育观点主要是为了解决什么问题？

第 38 到 39 题是根据下面一段话：

　　香港海洋公园有一条大鲸鱼，重达 8 600 公斤，不但能跳出水面 6.6 米，还能为游客表演各种节目。面对这条了不起的鲸鱼，有人向训练师请教训练的办法。训练师说，很简单，就是每次让它进步一点点。正是将这些小进步积累起来，才取得了让人吃惊的进步。

38. 根据这段话，这条鲸鱼有什么特点？

39. 使鲸鱼成功的办法是什么？

第 40 到 41 题是根据下面一段话：

　　最近一个科学研究发现，学生在数学成绩方面由于性别不同而导致的差异实际上主要是文化在起作用，与学生本人没有太大关系。传统看法认为男生的数学一定比女生好，所以这次科学研究的结果不同于人们以前的想法。

40. 根据这段话，男女生在数学成绩方面存在不同的主要原因是什么？

41. 关于这个研究，下列哪个正确？

第 42 到 43 题是根据下面一段话：

　　你们现在看到的这种树，是目前世界上最高大的植物。最高的有 90 米，相当于三十几层楼的高度。但是这种树的根很浅，它们成群结队地长成一片森林，在地底下，它们的根紧密相连，形成一片根网。除非风雨大到足以刮起整块地皮，否则没有一棵树会倒下。

42. 说话人最可能是做什么的？

43. 关于这种树，下列哪个正确？

第 44 到 45 题是根据下面一段话：

　　当赵晶跳入第三泳道时，并不是所有人都对她充满信心。在这次女子 200 米游泳比赛上，日本选手被认为是最有可能得第一名的人。比赛开始后，前150米日本选手一直游在最前面。但在最后50米，赵晶超过了日本选手，拿到了第一名。

44. 赵晶是干什么的？

45. 关于赵晶，下列哪个正确？

听力考试现在结束。

参考答案及题解（三）
（中英文）

1. 听力

第一部分

题号	答案	题解	Explanation
1	✗	他想去桂林，可是有时间的时候没有钱，有钱的时候却没时间，所以他没去过桂林。	He wants to go to Guilin, but when he has time he doesn't have money and when he has money he doesn't have time, so he hasn't gone there yet.
2	✗	他经常坐飞机出差。	He is often on his business by plane.
3	✓	"一直没有遇到自己的'另一半'"说明她还没有男朋友。	"She hasn't met her other half yet" explains that she doesn't have a boyfriend.
4	✓	他说他到过的地方比很多中国人都多。	He says he has been to a great many places in China even more than many Chinese.
5	✗	句中说他每次来中国都会增加体重。	This sentence says that he will put on weight every time when he goes to China.
6	✓	他们发现申请结婚的地方排起了很长的队，说明结婚的人很多。	They found the people applying for marriage were standing in a long line at Civil Affairs Bureau. It explains there are many people who are going to get married today.

7	✗	她已经一个星期没跟她妈妈联系了。	She hasn't been in touch with her mother for one week.
8	✗	对他来说认识汉字不是问题。	For him, recognizing the Chinese character is not a problem.
9	✓	他女儿能很好地用汉语表达自己的想法，说明她的汉语不错。	His daughter can express herself very well. It explains her Chinese is not bad.
10	✓	妈妈想儿子的时候就写日记，已经写了五大本，说明妈妈很想儿子。	Once his mother misses him, she would write diary. She has already used five note books. It implies she misses him very much.

第二部分

题号	答案	题解	Explanation
11	C	他今天有事儿，想让妻子去接孩子。	He is busy today. He asks his wife to pick up their children.
12	A	男的说今天是儿童节，他的女儿最喜欢吃巧克力。	The man says today is the Children's Day. His daughter likes chocolate most.
13	B	女的说她已经买好机票了，说明她坐飞机去。	The woman says she has already bought the plane ticket. It explains that she will go Hainan by plane.
14	A	男的说"最近去火车站的路上总是堵车"，建议女的"最好提前一点儿"。	The man says "there is always traffic jam on the way to the train station recently". He suggests the woman "you'd better leave earlier".
15	C	男的说"可能你们女孩子更喜欢这样的电影"，说明他不太喜欢这部电影。	The man says "you girls may prefer this kind of movie", which explains he is not very fond of the movie.
16	D	"你平时最喜欢干什么"这个问题经常用来问爱好。	The question "what do you like to do most in your free time" is often used to ask one's hobbies.
17	C	男的说"目前还没有打算，先玩儿三年再说"，说明他暂时不想要孩子。	The man says "I don't have the plan now, enjoy our lives first, and talk about it 3 years later", which explains he doesn't want to have children temporarily.

18	A	女的说网上认识的。	The woman says they knew each other through the Internet.
19	A	男的说他的电脑坏了，他不知道今天有什么新闻，说明他经常在网上看新闻。	The man says his computer was broken, so he doesn't know today's news. It explains he often reads the news through the Internet.
20	C	女的说"你可以用我的手机"。	The woman says "you can use my mobile phone".
21	B	女的说她本来打算去云南，但是机票很贵，她只好去海南。	The woman says she is going to Yunnan in her original plan, but because of the expensive plane tickets. She has to choose to go to Hainan.
22	A	男的问"超市几点关门"，所以他们在谈论超市的关门时间。	The man asks "when does the supermarket close", therefore they are talking about the closing time of the supermarket.
23	B	男的说他下个星期一考试。	The man says he has an exam next Monday.
24	D	女的说她天天在办公室，是因为他经常出差，所以他们很长时间没见面。	The woman says she is in the office every day. They haven't met each other for a long time because he is often on business travel.
25	A	男的说"这算什么呀，你去年夏天不在这儿吗？"说明去年夏天更热。	The man says "it's nothing; aren't you here last summer?"to explain it was hotter last summer.

第三部分

题号	答案	题解	Explanation
26	D	男的说小王和她的同学长得很像。	The man says Xiao Wang looks like her classmate very much.
27	D	男的说他们"一共五个人，想买坐在一起的票"。	The man says: "We are five people in total, and we would like to buy the conjoined tickets."

28	C	男的说"下次少买点，天天吃新鲜的多好"，说明男的认为水果应该吃新鲜的。	The man says "you'd better buy less at a time, we should eat fresh fruits everyday", which explains the man thinks fresh fruits are better.
29	C	送货的女人说王红在网上订购了一本书，她是来送书的。	The woman says Wang Hong has booked a book online, and she came here for delivering the book.
30	D	男的问女的他"昨天刚买的笔记本，怎么找不到了"，说明他在找笔记本。	The man asks the woman "why I can't find my notebook? I just bought it yesterday". It explains that he is looking for his notebook.
31	D	男的说植物园又远人又多，提议去附近的公园晒太阳。	The man says the Botanical Garden is far and crowded. He suggests going to a park nearby and enjoying the sunshine.
32	A	女的很高兴她可以在家里多待一段时间。	The woman is very happy that she can stay at home longer.
33	C	"拍""按""这张"等说明他们在拍照。	"拍 (photos)" "按"，"这张 (a measure word for photos)" and other phrases explain that they are taking photos.
34	B	男的第一句话说他想给妈妈买个手机。	The first sentence of the man says that he wants to buy a mobile phone for his mother.
35	C	女的说她换工作是因为"收入虽然很高，但是太累了"。	The woman says she changed her job, because "although she got a good salary, she was too tired".
36	A	全段都在介绍一本关于家庭教育的新书。	The whole paragraph is introducing a new book about home education.
37	A	该段第一句话说这本书是"为了解决家庭教育中会遇到的各种新问题"。	The first sentence of the paragraph says this book "aims to resolve all kinds of new problems in the home education".
38	A	第一句话说它重达8 600公斤。	The first sentence says it weighs about 8,600 kilos.
39	C	训练师说每次进步一点点，累积起来，就有了让人吃惊的进步。	The animal trainer says it makes little progress each time, which accumulates an amazing progress.

40	A	第一句话说 "主要是文化在起作用"。	The first sentence says "the main reason is the culture".
41	C	该段最后一句话说这次科学研究的结果不同于人们以前的想法。	The last sentence of the paragraph says the result of the scientific research is different from people's traditional mind.
42	A	全段都在介绍这种树，说话者应该是一位导游。	The whole paragraph is introducing the tree, so the speaker should be a guide.
43	A	第三句话的开头说这种树的根很浅。	The beginning of the third sentence says the tree's root system is very shallow.
44	B	赵晶是一位游泳运动员。	Zhao Jing is a swimming athlete.
45	B	最后一句话说赵晶得了第一名。	The last sentence says Zhao Jing won the first prize.

2. 阅读

第一部分

题号	答案	题解	Explanation
46	D	后来，我考入大学历史系，和刘老师的影响有极大的关系。	Later on I was admitted by the university's history department, and the influence of Mr. Liu was a major determinant in my decision making.
47	E	星期天中午，我去医院看望病人 (patient)。	I went to the hospital to see a patient on Sunday noon.
48	F	中国的西南角有很多少数民族。	In China's southwest region, there are numerous nationalities.
49	A	如果我们不重视这个问题，孩子就容易养成发脾气的坏习惯。	If we don't pay attention to this problem, the children will easily get into the habit of having a bad temper.
50	B	女孩子们对衣服颜色的选择往往与她们的性格有关。	The girls' choice on the color of clothes is normally relevant to their personalities.

51	D	经理，您对新办公室的环境还满意吗？	Manager, are you satisfied with your new office?
52	C	我知道了，别担心，我一定会准时到的。	I see, don't worry. I will surely go there on time.
53	B	减了一个月都没有瘦下来，我实在没有信心了。	A month has passed and my plan of losing weight has not advanced. I have really lost confidence.
54	A	你对他的印象怎么样？	What is your impression on him?
55	E	请问，附近有超市吗？	Excuse me, is there a supermarket nearby?

第二部分

题号	答案	题 解	Explanation
56	BAC	尽管压力挺大，但他们心情很好，一直在互相鼓励、互相加油。	Although under a lot of pressure, they were in good mood. They had encouraged each other and cheered on each other all the time.
57	ACB	我回到家里，把自己的故事写下来，没想到竟然被他看到了。	When I went home, I wrote down my story, but it was seen by him unexpectedly.
58	BAC	熊猫是中国特有的动物，数量仅 1 000 多只。它长得很可爱，所以很多人喜欢它。	The giant panda is native only to China, numbering more than 1,000. They're cute, so many people like them.
59	CBA	村口有一棵生长了千年的古树，听说人们只要抱一抱这棵古树，就可以活到99。	At the entrance of the village, there is a 1,000-year-old tree. It is said that people will live till 99 if they hug the old tree.
60	CBA	数学历来是许多学生头疼的一门课，就连许多聪明的学数学的研究生们，也不同程度地害怕高深的数学。	Math is always a big trouble for many students. Even many smart MBAs are scared of the advanced math problems more or less.
61	ACB	他很年轻，可是遇到问题很冷静，比同龄的人更成熟。	He is very young, but he stays calm when he ran into a problem. He is more mature than his peers.

62	BAC	开车的人出行难，然而对于乘坐公共交通的人们来说，出行也不是件容易的事儿。	It is a difficult journey for motorists, and is also not easier for people using public transportation.
63	ACB	这个地方早晚温度变化大大，经常下雨，出门时最好带上雨伞 。	The temperature in this place varies greatly between day and night. It often rains; so be sure to bring your umbrella.
64	ABC	2003 年时，泰国教汉语的中小学校只有 305 个，而且主要为华人学校，今年已经增加到了 1 440 个。	In 2003, there were only 305 primary and middle schools which offer Chinese courses in Thailand; Most of them were operated by ethnic Chinese people. Now, the number has reached to 1,440.
65	BCA	按照中国的习惯，春节里的一个重要活动，就是到亲戚朋友和邻居们那里去祝贺新年。	According to China's customs, during the Spring Festival, people will visit relatives, friends and neighbors to exchange greetings.

第三部分

题号	答案	题解	Explanation
66	C	"而是看他有没有养成好的习惯"说明了优秀的孩子有"好习惯"。	We can infer the excellent children have "good habits" from the sentence"but to see if he has formed good habits".
67	A	长白山"是中国东北地区最高的山之一"。	Changbaishan Mountain "is one of the highest mountains in Northeast China".
68	C	"卖茶叶"、"卖茶"、"如果你想买的话"说明玛丽想买茶叶。	We can infer that Mary wants to buy tea from the phrases "sell tea" and "if you want to buy".
69	B	"有几位学生去你们学校"说明小刘是老师。	We can infer that Xiao Liu is a teacher from the sentence "some foreign students want to go to your school".

70	D	整段话都在介绍这种新手机的外观和功能。	The whole paragraph introduces the appearance and the functions of the new mobile phone.
71	D	整段话都在说明感谢自己的原因和重要性。	The whole paragraph explains the reasons and the importance of thanking ourselves.
72	C	"不但……而且……"说明广告少是我喜欢的原因之一。	The sentence "not only...but also..." indicates that the less advertisement is one of the reasons why I like to see this program.
73	D	"我怕路上堵车"中"怕"就是"担心"的意思，说明早点出发的原因是担心路上堵车。	The word "怕" in the sentence "我怕路上堵车" means "be worried about", which indicates the reason of leaving earlier is that I am worried about the traffic jam.
74	B	文中提到"因为人特别多"，所以我们看了一会儿就走了。	It mentioned that because there were too many people, they left after a while.
75	B	"为了穿得时间长一点"说明"买大一号的衣服"的原因。	"In order to wear longer" indicates the reason for "buy a bigger size clothes".
76	D	"大部分20岁以上的人"与"大部分成年人"意思相近。	"Most of the 20 years old or above" is similar to "most of the adults".
77	D	"最好要多听多说"说明最好的方法是"多听多说"。	"最好要多听多说" indicates the best method is "listen more and speak more".
78	C	整段都在讲"什么是真正的富有"。	The whole paragraph introduces "what the real rich is".
79	D	"很想成为一名篮球运动员"、"他终于成功了"说明让人高兴的是他成功地当上了篮球运动员。	We can infer what make us happy is that he become a basketball player successfully from "he wanted to be a basketball player very much" and "he succeeded".

80	A	第一句"遇到困难时鼓励孩子多说而不是哭"说明家长应该让孩子"多说"。	The first sentence "we should encourage the children to speak instead of crying when they encounter difficulties" indicates the parents should let the children "speak more".
81	D	第三句"大哭后，孩子可以感觉轻松并且压力减轻"说明"压力变小"。	The third sentence "the child will feel relaxed, relive stress after crying" indicates that "the pressure reduced".
82	D	第三句"其实人生最重要的事应该是了解自己"说明答案是 D。	The third sentence "in fact, the most important thing is to know oneself in life" indicates D is the answer.
83	D	最后一句话说明只有清楚自己想要什么，才能做出正确的选择。	The last sentence indicates that only when you make sure what you want, then you can make a right choice.
84	A	第一句话中说"我认为从11月到第二年2月去最好"说明应该选 A。	The first sentence "I think you had better go there between November to February of next year" indicates we should choose A.
85	D	第一句话中说"气候却还是很不错的，还可以游泳"，说明应该选 D。	The first sentence "The climate is good. We can still swim" indicates we should choose D.

3. 书写

第一部分（参考答案）

86. 请问这个包打几折？

87. 他们常常一起喝咖啡。

88. 我们宿舍有八个人。

89. 他看起来很不高兴。

90. 他已经累得一头汗了。

91. 北京有很多公园。

92. 我们一起去吧。

93. 小李特别喜欢跟我聊天。

94. 玛丽把书包忘在公交车上了。

95. 屋顶上种着各种好看的花草。

第二部分（参考答案）

96. 他跑步的速度很快。

97. 妈妈教她弹钢琴。

98. 他们一家很幸福。

99. 他们一起爬长城。

100. 他们计划一起去玩儿。

新汉语水平考试
HSK（四级）

模拟试题四

注　意

一、HSK（四级）分三部分：

1. 听力（45题，约30分钟）

2. 阅读（40题，40分钟）

3. 书写（15题，25分钟）

二、听力结束后，有5分钟填写答题卡。

三、全部考试约105分钟（含考生填写个人信息时间5分钟）

一、听力

第一部分

⊙ 第 1~10 题：判断对错。

例如： 我想去办个借书证，明天下午你有时间吗？陪我去一趟图书馆。

★他打算明天下午去图书馆。 　　　　　　　　　　（ ✓ ）

身高只有一米六，他是世界上最著名的矮个子篮球运动员。他曾经说过："篮球不只是让那些高个子打的，也是给那些喜欢它的人们打的。"

★他是个高个子的篮球运动员。 　　　　　　　　　（ ✗ ）

1. ★ 现在很多父母没时间照顾孩子。 　　　　　　　　（ 　 ）

2. ★ 她已经有孩子了。 　　　　　　　　　　　　　　（ 　 ）

3. ★ 小王想当餐馆老板。 　　　　　　　　　　　　　（ 　 ）

4. ★ 在北京坐公共汽车挺舒服的。 　　　　　　　　　（ 　 ）

5. ★ 她喜欢穿和别人一样的衣服。 　　　　　　　　　（ 　 ）

6. ★ 冬天人们吃不到新鲜的菜。 　　　　　　　　　　（ 　 ）

7. ★ 美国中小学学习语言的学生中，学汉语的人数最多。（ 　 ）

8. ★ 她年轻的时候就喜欢跳舞。 　　　　　　　　　　（ 　 ）

9. ★ 现在中国的年轻人见面经常会问"你吃了吗"。　　（ 　 ）

10. ★他第一次吃中国菜是在中国同学家里。 　　　　　（ 　 ）

第二部分

⊙ 第 11~25 题：请选出正确答案。

例如： 女：来北京好多年了吧？你觉得北京和你的家乡在气候上有什么区别？

男：夏天都差不多，只是冬天北京比较冷，而我的家乡更暖和。

问：他们在谈什么？

A. 文化　　B. 风景　　C. 职业　　D. 气候 ✓

11. A. 发工资了　　B. 得奖金了　　C. 被表扬了　　D. 换工作了

12. A. 男的　　B. 女的　　C. 小王　　D. 小张

13. A. 商店　　B. 学校　　C. 医院　　D. 银行

14. A. 很咸　　B. 很辣　　C. 很酸　　D. 很甜

15. A. 6 月 5 号　　B. 7 月 5 号　　C. 8 月 5 号　　D. 9 月 5 号

16. A. 南方　　B. 北京　　C. 南京　　D. 上海

17. A. 考试　　B. 开会　　C. 开车　　D. 聊天

18. A. 开会　　B. 上课　　C. 出差　　D. 请假

19. A. 空调　　B. 冰箱　　C. 电脑　　D. 手机

20. A. 晴天　　B. 下雨　　C. 下雪　　D. 刮风

21. A. 听音乐　　B. 看电影　　C. 看电视　　D. 听京剧

22. A. 旅游　　B. 出差　　C. 工作　　D. 留学

23. A. 牙齿　　B. 肚子　　C. 眼睛　　D. 耳朵

24. A. 护士　　B. 老师　　C. 售货员　　D. 服务员

25. A. 表格　　B. 手表　　C. 复印机　　D. 传真机

第三部分

⊙ 第 26~45 题：请选出正确答案。

例如： 男：小姐，您好，这是您的房卡。

女：谢谢！你们的餐厅在哪儿？

男：从这儿往前走，左边就是。

女：好，谢谢！

问：男的最可能是做什么的？

A.演员　　B.记者　　C.售货员　　D.服务员 ✓

26　A. 丢了　　　　B. 坏了　　　　C. 换号码了　　D. 换手机了

27. A. 小黄　　　　B. 小王　　　　C. 小李　　　　D. 女的

28. A. 导游　　　　B. 警察　　　　C. 老师　　　　D. 医生

29. A. 上网　　　　B. 广告　　　　C. 新闻　　　　D. 电视

30. A. 很便宜　　　B. 卖完了　　　C. 环境不错　　D. 离公司远

31. A. 学校　　　　B. 超市　　　　C. 图书馆　　　D. 复印店

32. A. 吃惊　　　　B. 兴奋　　　　C. 紧张　　　　D. 失望

33. A. 电脑　　　　B. 开车　　　　C. 中文　　　　D. 照相

34. A. 没带钱　　　　　　　　　　B. 想买书

　　C. 这里东西贵　　　　　　　　D. 这里质量差

35. A. 睡觉　　　　B. 考试　　　　C. 写材料　　　D. 发邮件

36. A. 红色　　　　B. 黄色　　　　C. 绿色　　　　D. 蓝色

37. A. 热情　　　　B. 幽默　　　　C. 冷静　　　　D. 勇敢

38. A. 电影院　　　B. 音乐厅　　　C. 会议室　　　D. 网站上

39. A. 快乐的方法　　　　　　　　B. 介绍人人网

　　C. 朋友的关心　　　　　　　　D. 广告的作用

40. A. 妈妈　　　　B. 爸爸　　　　C. 丽丽　　　　D. 姐姐

41. A. 学校　　　　B. 饭馆　　　　C. 家里　　　　D. 宾馆
42. A. 人太多　　　B. 空气不好　　C. 温度太低　　D. 时间太早
43. A. 晚饭后　　　B. 睡觉前　　　C. 起床后　　　D. 上班前
44. A. 记者　　　　B. 警察　　　　C. 律师　　　　D. 老师
45. A. 亲戚　　　　B. 邻居　　　　C. 同事　　　　D. 师生

二、阅读

第一部分

⊙ 第 46~50 题：选词填空。

A. 情况　　B. 愉快　　C. 意见　　D. 吸引　　E. 调查　　F. 尊重

例如：同事间当然应该互相信任、互相支持、互相（ F ）。

46. 今天晚上的节目让他忘记了那些不（　　）的事情。
47. 老师让我们写一篇关于中国人住房（　　）的文章。
48. 他的（　　）引起了很多学者的注意。
49. 我们十个人可以分成两组，去北京和上海做市场（　　）。
50. 那家商店为了（　　）顾客，每个星期都有打折活动。

⊙ 第 51~55 题：选词填空。

A. 窗户　　B. 恐怕　　C. 只要　　D. 方向　　E. 放假　　F. 学习

例如：A: 你认识小张吗？

　　　B: 小张是我最好的朋友，他常常在（ F ）上帮助我。

51. A：你可以把你的自行车借给我用一下吗？

B：没问题，（　　）明天中午以前还给我就行。

52. A：我从来没有做这个工作的经验，（　　）做不好。

B：别着急，我们会帮助你的。

53. A：哎呀，离（　　）只有两个星期了，我还没有买回家的机票呢！

B：你应该早点买，越晚越贵。

54. A：我有点儿头疼，想坐（　　）旁边，能换一下吗？

B：行，你坐这儿吧。

55. A：对不起，我走错（　　）了。

B：没关系，现在还早。

第二部分

⊙ 第 56~65 题，排列顺序。

例如：A. 然而在红海里

B. 不会游泳的人最怕掉进水里

C. 人可以躺在水面上不会沉下去　　　　　B　A　C

56. A. 现在天气热

B. 更舒服些

C. 你们坐空调车吧　　　　　＿＿＿＿＿＿

57. A. 你们在北京这段时间

B. 各种交通工具都坐过了

C. 觉得北京的交通怎么样　　　　　＿＿＿＿＿＿

58. A. 不过经常堵车

B. 街道也挺干净

C. 北京的路大部分都挺宽　　　　　＿＿＿＿＿＿

59. A. 父亲不在以后

　　 B. 为了养家，哥哥不得不放弃学业

　　 C. 去城里找了份工作　　　　　　　　　　＿＿＿＿＿＿

60. A. 没有三十七度

　　 B. 也有三十五度

　　 C. 今天真热　　　　　　　　　　　　　　＿＿＿＿＿＿

61. A 为了节约钱

　　 B. 一个负责生产食品，另一个负责卖食品

　　 C. 两个公司决定一起做生意　　　　　　　＿＿＿＿＿＿

62. A. 决心要在这次比赛中得到好成绩

　　 B. 得到老师的鼓励后

　　 C. 她信心增加了不少　　　　　　　　　　＿＿＿＿＿＿

63. A. 有人告诉我小王是个很马虎的人

　　 B. 我发现确实是这样

　　 C. 和她工作一段时间后　　　　　　　　　＿＿＿＿＿＿

64. A. 她告诉记者

　　 B. 可是在北京 5 000 元都买不到

　　 C. 这种衣服今年很流行，她花了 4 400 多元　＿＿＿＿＿＿

65. A. 所以他在家的时候喝茶

　　 B. 他很喜欢喝茶

　　 C. 旅游的时候也要带上茶　　　　　　　　＿＿＿＿＿＿

第三部分

⊙ **第 66~85 题**：请选出正确答案。

例如： 在中国生活的三年使他在音乐方面有了很多新的想法，他
把京剧的一些特点增加到自己的音乐中，取得了很好的
效果。

★根据这段话，可以知道他：

A. 很热情　　　　　　　B. 会唱京剧

C. 受到京剧影响 ✓　　　D. 离开中国三年了

66. 幸福的人并不是因为他们比其他人有更多的幸福，而是因为他们的生活态度很好。他们不会因为遇到问题而烦恼，而是努力去想解决问题的办法。

★幸福的人：

A. 没有困难　　　　　　　B. 生活态度好

C. 有更多的幸福　　　　　D. 很少遇到问题

67. 调查发现，很多人认为工资越高越好，因为可以买许多自己需要的东西；但是不是工资越高就一定越幸福，当然，如果工资很低或者没有工资可能就不太幸福。

★这段话讲了什么和幸福的关系？

A. 收入　　　　B. 能力　　　　C. 性格　　　　D. 态度

68. 我们公司可以根据客人的爱好制作各种各样的杯子，可以把你喜欢的照片印到杯子上，而且质量也很好。客人们买走以后，可以自己使用，也可以送给朋友。

★我们公司制作的杯子：

A. 很贵　　　　B. 很特别　　　　C. 数量很多　　　D. 质量一般

69. 不是所有的人都喜欢城市，也有很多人喜欢农村。农村没有城市生活方便，没有城市热闹，城市也比农村干净，但是农村的空气更新鲜一些。

★关于城市，我们知道：

A. 空气很好　　　　　　　B. 非常安静

C. 大家都喜欢　　　　　　D. 生活比较方便

70. 夏季人们往往喜欢穿白色的衣服，以为这样凉快。其实，夏季常穿白色衣服对健康没好处。研究证明，夏季穿红色的衣服比较好，可以让人感到比较凉快，也可以保护皮肤。

★夏天最好穿什么颜色的衣服？

　　A. 白色　　　　B. 红色　　　　C. 蓝色　　　　D. 黑色

71. 长城位于中国的北部，又被称为"万里长城"，我们今天看到的长城，全长 8 851.8 公里，一年四季风景都很美丽，每天都吸引很多人来参观。

　　★关于长城，我们知道：

　　A. 在北京　　　B. 风景一般　　　C. 游客很多　　　D. 全长一万里

72. 本周五上午，我和朋友在教室学习时发现个书包，里边有一台笔记本电脑，如果你丢了电脑，请与我联系。我的电话号码是 010-62341236。

　　★写这段话是为了：

　　A. 道歉　　　　B. 找书包　　　　C. 还电脑　　　　D. 找朋友

73. 现在很多女生为了减肥，每天只吃菜不吃米饭。可是最近研究发现，这样不但容易越吃越胖，而且还容易生病。

　　★只吃菜不吃米饭的女生：

　　A. 不会变胖　　B. 可能生病　　　C. 越来越多　　　D. 容易减肥

74. 喜欢打羽毛球的人都知道：为了运动时感觉更舒服一些和更好地保护好自己的脚，最好选择一双专业的羽毛球运动鞋。

　　★这段话主要讲了选择专业羽毛球运动鞋的：

　　A. 原因　　　　B. 方法　　　　C. 标准　　　　D. 特点

75. 虽然爸爸工作很忙也很累，可是每个周末他和妈妈一定会带我回家看爷爷，而且给爷爷带很多好吃的东西，爷爷看到我们回去也非常开心。

　　★爸爸：

　　A. 工作轻松　　B. 周末加班　　　C. 爱买东西　　　D. 很爱爷爷

76. 这家饭店的环境很好，服务很好，菜也很好吃，但是他们不允许顾客自己带饮料，所以大家不得不在他们这儿买，但是他们卖得比外边贵很多，因此很多顾客不满意这一点。

　　★顾客对什么不满意？

A. 环境　　　　　B. 味道　　　　　C. 饮料　　　　　D. 态度

77. 科学研究证明，人体一次的科学锻炼时间为 1 至 1.5 小时，过长时间的运动并不利于身体健康，并且会影响下一次锻炼。

★根据这段话，一次锻炼以下哪个时间长短最合适？

A. 半小时　　　　　　　　　B. 两个小时

C. 两个半小时　　　　　　　D. 一小时十五分

78. 随着技术的发展，人们联系的方法越来越多，写信的人越来越少，有事情的时候，更多的人喜欢打电话或者上网聊天。

★更多的人现在喜欢怎么交流？

A. 写信　　　　　B. 面对面　　　　　C. 打电话　　　　　D. 发电邮

79. 他虽然很年轻，但是这些年他拍电影赚了不少钱，他拿出其中一大部分帮助那些没有钱、生活困难的人，所以获得了大家的尊重。

★他为什么获得了人们的尊重？

A. 很会赚钱　　　B. 工作认真　　　C. 帮助穷人　　　D. 电影拍得好

80~81.

足球运动是一种有很长历史的体育活动，最早在中国产生，足球运动和篮球运动、排球运动、羽毛球运动一样，也是两个队在同一场地内进行比赛。它是世界上最受人们喜爱、影响最大的体育运动项目，被认为是"世界第一运动"。不少国家将足球定为"国球"。

★"世界第一运动"是：

A. 足球　　　　　B. 篮球　　　　　C. 排球　　　　　D. 羽毛球

★关于足球运动，我们知道：

A. 历史不长　　　　　　　　B. 很受欢迎

C. 中国的"国球"　　　　　D. 最早的运动

82~83.

每一个人都会做梦，而且做梦对人还有一些好处。可是很多人不喜欢做梦，他们往往认为做梦会影响睡觉效果，实际上不是这样。研究者发现，这些人常常心情不好，因此影响了睡觉效果。为了提高晚上的睡觉效果，人最好在中午 11~13 点之间休息半个小时，晚上最好在 11 点以前睡觉。

★实际上是什么影响了睡觉效果？

A. 经常做梦　　　B. 晚上工作　　　C. 心情不好　　　D. 身体不舒服

★为了提高睡觉效果，晚上以下哪个时间休息最好？

A.10 点　　　　　B.11 点半　　　　C.12 点　　　　　D.13 点

84~85.

什么是真正的朋友？不同的人有不同的看法。我认为真正的朋友是在你成长的过程中告诉你方向的人，是帮你解决困难的人，是能了解你的人，是关心照顾你的人。真正的朋友不会因为你的一个小缺点而到处乱说，因为他们知道人不可能做到没有一点儿缺点。

★真正的朋友会帮助你：

A. 改变方向　　　B. 解决困难　　　C. 照顾家人　　　D. 接受缺点

★这段话主要想告诉我们什么是：

A. 正确的方向　　　　　　　　B. 朋友的看法

C. 真正的朋友　　　　　　　　D. 没缺点的人

三、书写

第一部分

⊙ 第 86~95 题：完成句子。

例如：　吃得　不太好　对身体　太饱

吃得太饱对身体不太好。

86. 多少 一斤 钱 香蕉

_____

87. 都是 我和他 在 出生的 广东

_____

88. 里 能 教室 吃东西 不

_____

89. 情况 我 向你 一个 说明

_____

90. 穿着 他 一件 蓝色 上衣

_____

91. 她 我 请 去吃饭 想

_____

92. 参加 邀请 那个活动 她 被

_____

93. 时间 考试 大约 为 150分钟

_____

94. 是 养成 最重要的 学习习惯 好的

_____

95. 找到了 他 好 一个 工作

_____

第二部分

⊙第 96~100 题：看图，用词造句。

例如：

人民币
我想换一些人民币。

96.

失望

_____

97.

骑

_____

98. 　　　礼物

_____

99. 　　　鼓掌

_____

100. 　　　贵

_____

 听力材料

（音乐，30秒，渐弱）

大家好！欢迎参加 HSK（四级）考试。

大家好！欢迎参加 HSK（四级）考试。

大家好！欢迎参加 HSK（四级）考试。

HSK（四级）听力考试分三部分，共 45 题。
请大家注意，听力考试现在开始。

第一部分

⊙一共 10 个题，每题听一次。

例如： 我想去办个借书证，明天下午你有时间吗？陪我去一趟图
书馆。

★他打算明天下午去图书馆。

身高只有一米六，他是世界上最著名的矮个子篮球运动员。
他曾经说过："篮球不只是让那些高个子打的，也是给那
些喜欢它的人们打的。"

★他是个高个子的篮球运动员。

现在开始第 1 题：

1. 现在很多家庭，爸爸妈妈都在忙工作，于是把孩子的生活教育
责任全部放在了爷爷、奶奶、外公和外婆的身上了。

★现在很多父母没时间照顾孩子。

2. 虽然做了母亲，可是我心里觉得自己还是个孩子，我还是像以
前一样爱听流行音乐、爱看电影，喜欢吃零食。

★她已经有孩子了。

3. 对小王来说，在餐馆打工只是份暂时的工作，不是一生的事业。
他的长远理想是成为一名优秀的画家。

★小王想当餐馆老板。

4. 北京的公共汽车挺方便的，只是车上人太多了，特别是上下班
时间。如果地铁都修通的话，情况会好得多。

★在北京坐公共汽车挺舒服的。

5. 一位打扮得很漂亮的女士说："如果发现街上有人穿得跟我一样，第二天我就一定会换一种打扮。我现在常常定做衣服。穿着自己选的有特色的衣服，感觉特别好。"

　　★她喜欢穿和别人一样的衣服。

6. 现在每个城市每天都有大量新鲜菜和水果出现在市场上，要什么有什么。即使冬天也是这样，人们每天都能吃到新鲜的菜。

　　★冬天人们吃不到新鲜的菜。

7. 全美中小学学习汉语的学生人数在 2007 年到 2008 年间已达 6 万人，是学生人数增长最快的外语，但仍只是学习语言的学生总数的 0.67%。

　　★美国中小学学习语言的学生中，学汉语的人数最多。

8. 北京有位著名的老太太，70 多岁，叫武英。退休后的武英没有像传统的中国老人那样为了孩子们活着，而是在 60 多岁的时候爱上了跳街舞。

　　★她年轻的时候就喜欢跳舞。

9. "你吃了吗？"这个句子在现在的中国年轻人见面时已经很少使用了。但小白仍然认为这句话非常适合中国，因为这里好吃的东西太多，人们自然每天都会关心"你吃了吗"。

　　★现在中国的年轻人见面经常会问"你吃了吗"。

10. 10 年前他第一次在中国同学家吃中国菜，从那以后他开始学做中国菜、学习汉语并了解中国的文化。

　　★他第一次吃中国菜是在中国同学家里。

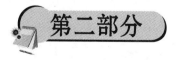

第二部分

⊙一共 15 个题，每题听一次。

例如：女：来北京好多年了吧？你觉得北京和你的家乡在气候上

有什么区别？

男：夏天都差不多，只是冬天北京比较冷，而我的家乡更暖和。

问：他们在谈什么？

现在开始第11题：

11. 女：告诉你一个好消息，今天经理给我发奖金啦。

　　男：太好了，等你请客啊。

　　问：女的怎么了？

12. 女：你准备自己去请假还是让小张帮你请？

　　男：小张生病了，小王同意帮我请假。

　　问：谁会去请假？

13. 男：你好，我想办一张信用卡。

　　女：好的，您先填一下这张表格吧。

　　问：男的最有可能在哪儿？

14. 女：公司对面的那家饭馆儿怎么样呀？

　　男：我上次去了，除了汤做得太咸，其他方面都还不错。

　　问：那家饭馆儿的汤怎么样？

15. 男：你什么时候去美国，我去机场送你吧。

　　女：我本来计划7月5号出发，但是没有申请到签证，推迟到9月5号了。

　　问：女的什么时候去美国？

16. 女：你这么爱吃米饭，应该是南方人吧？

　　男：不是，虽然我妈妈是南京人，但我是在北京长大的。

　　问：男的是在哪里长大的？

17. 男：你怎么不接电话呀，我打了好几次呢。

　　女：不好意思啊，我刚刚在开会，不方便接电话。

　　问：女的刚才在做什么？

18. 女：如果我们把会议时间提前到这周六，你能按时参加吗？

男：不行啊，我周六要出差，你还是再改一下时间吧。

问：男的这周六要做什么？

19. 女：真可惜，我昨天早上买的水果，才放一天就坏了。

男：你还是快买一台冰箱吧。

问：女的需要买什么？

20. 男：电视里说明天会下雨，你出门记得带伞啊。

女：还好你提醒我，我正准备明天早上去办签证呢。

问：明天可能是什么天气？

21. 女：麻烦你把声音关小一点好吗，我准备睡觉了。

男：抱歉啊，我马上把音乐关了。

问：男的最可能在做什么？

22. 男：我刚来中国学习，中文还不太流利，你能教我说中文吗？

女：没问题，周末来我家吧，我教你。

问：男的来中国做什么？

23. 男：你吃完药之后感觉好点了吗？

女：好多了，大夫，我的肚子已经不是很疼了。

问：女的哪里不舒服？

24. 女：先生，您需要再加点牛奶吗？

男：不用了，谢谢，麻烦你再给我来一杯绿茶吧。

问：女的可能是做什么的？

25. 女：这张表格怎么看不清楚啊？

男：复印机坏了，没有复印好，小李已经叫人过来修了。

问：小李叫人来修什么？

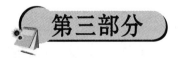

第三部分

⊙一共 20 个题，每题听一次。

例如： 男：小姐，您好，这是您的房卡。

女：谢谢！你们的餐厅在哪儿？

男：从这儿往前走，左边就是。

女：好，谢谢！

问：男的最可能是做什么的？

现在开始第 26 题：

26. 女：你最近怎么都不联系我呢？

男：我联系不上你呀，你的手机一直都打不通。

女：啊，忘记告诉你，我换手机号码了。

男：没事儿，把你的新手机号告诉我吧。

问：女的手机怎么了？

27. 女：小黄，你猜猜今天谁要过生日。

男：是小王吗？

女：不是，是一个高个子的男生。

男：那一定是小李了。

女：没错，猜对了！

问：今天谁过生日？

28. 男：现在大家可以开始参观了，参观结束之后请到门口集合。

女：那我们还需要买门票吗？

男：不需要，你们交的钱已经包括门票了。

女：那我们什么时候可以去购物？

男：吃过午饭就可以。

问：男的最有可能是做什么的？

29. 男：你看到网上的新闻了吧？

女：太多了，不知道你说的是哪一条。

男：就是中国队获得乒乓球比赛第一名那条。

女：看到了，那场比赛特别精彩。

问：他们在谈什么？

30. 女：小张，你租这儿的房子花了多少钱啊？

男：每个月两千块钱。

女：不便宜啊。

男：主要是因为这儿离公司近，环境安静我才租的。

问：这儿的房子怎么样？

31. 男：老师上课讲得太快，好多内容我都没来得及记下来。

女：我都记下来了，要不你看看我的笔记吧。

男：太好了，我能现在拿去复印一下吗？

女：当然可以。

问：男的最有可能去哪儿？

32. 女：我买了好多菜，我们晚上做鸡蛋西红柿汤吧。

男：但我晚上要去公司加班，不能回来吃饭了。

女：你应该提前告诉我啊，我菜都买好了！

男：没事儿，我明晚一定回家陪你吃饭。

问：女的心情怎样？

33. 女：你一直开车肯定很累吧，要是我也会开车就好了。

男：你可以学啊。

女：也对，我也应该学学，可是我应该去哪儿学呢？

男：正好公司附近有个学校，你明天去报名吧。

问：女的想学什么？

34. 女：这家商店的东西一点也不便宜，我们还是去其他地方看看吧。

男：可是我觉得这儿的东西质量还不错啊。

女：我还知道另一家商店，那里卖的东西不仅便宜，质量也不错。

男：好吧，我们去那里看看。

问：女的是什么意思？

35. 男：早点休息吧，明天再继续写。

女：不行啊，张教授要求我明天必须把这份材料交给他。

男：可是你的身体健康也很重要啊。

女：没办法，你先睡吧，我马上就写完了。

问：女的在做什么？

第 36 到 37 题是根据下面一段话：

　　颜色不仅能丰富我们的生活，我们还能通过颜色来判断一个人的性格。一般来说，喜欢红色、黄色等温暖颜色的人比较热情，而喜欢蓝色等颜色的人往往比较冷静。

36. 这段话里没有说到哪一种颜色？

37. 喜欢红色的人性格一般怎样？

第 38 到 39 题是根据下面一段话：

　　人人网是一个鼓励社会交际的网站，在这里，您可以联系到您的朋友、同学、同事、家人，及时了解他们的最新情况，看到他们的照片，并听到他们喜欢的音乐。欢迎加入人人网！

38. 这段话可能出现在哪里？

39. 这段话主要讲什么？

第 40 到 41 题是根据下面一段话：

　　丽丽，今天是你 18 岁的生日，这是第一次在家里给你过生日，妈妈祝你生日快乐。爸爸妈妈希望你每天都能过得幸福、快乐。来，我们大家为丽丽的生日干杯吧！

40. 说话人是谁？

41. 说话人最可能在哪儿？

第 42 到 43 题是根据下面一段话：

　　很多人都知道要锻炼身体，但他们却不知道什么时候锻炼的效果最好。大多数人喜欢早上去公园锻炼身体，可是早上的温度太低，不适合运动。最好的运动时间是在吃完晚饭一个小时之后。

42. 为什么早上不适合运动？

43. 什么时候锻炼身体效果最好？

第 44 到 45 题是根据下面一段话：

　　我和李明是大学同学。毕业的时候，我们找到了不同的工作，我在电视台当记者，他开始当律师。我们已经很久没有联系了，但昨天搬家的时候我竟然看到了他，他住我家楼下，没想到我们又成了邻居。

44. 李明是做什么的？

45. 我和李明现在是什么关系？

听力考试现在结束。

参考答案及题解（四）
（中英文）

1. 听力

第一部分

题号	答案	题解	Explanation
1	✓	现在很多家庭，爸爸妈妈都在忙工作，于是把孩子的生活教育责任全部放在了爷爷、奶奶、外公和外婆的身上了。	Nowadays in many families, both the husband and wife are busy with their jobs. Therefore, the responsibilities of raising and educating their children are all pushed onto the grandparents.
2	✓	她虽然做了母亲，可是她心里觉得自己还是个孩子。	Although she is already a mother, she feels herself still a child in her heart.
3	✗	对小王来说，在餐馆打工只是份暂时的工作，不是一生的事业。他的长远理想是成为一名优秀的画家。	For Xiao Wang, working at the restaurant is just a temporary job to bring home the bacon, not a life career. His long-term dream is to become a excellent artist.
4	✗	北京的公共汽车挺方便的，只是车上人太多了，特别是上下班时间。如果地铁都修通的话，情况会好得多。	Buses in Beijing are very convenient, but too crowded, especially in the rush hours. When the subway system is completed, that'll surely be a great improvement.
5	✗	她常常定做衣服。她喜欢穿着自己选的有特色的衣服。	She often has his clothes made-to-measure. She likes to wear characteristic clothes which are selected by herself.

6	✗	现在每个城市每天都有大量新鲜蔬菜和水果出现在市场上，要什么有什么。即使冬天也是这样，人们每天都能吃到新鲜的菜。	Every city has so many fresh vegetables and fruits in the market every day, so people can buy what they want. Even in winter, they can eat fresh vegetables everyday.
7	✗	全美中小学学习汉语的学生人数在 2007 年到 2008 年已达 6 万人，是学生人数增长最快的外语，但仍只占学习语言的学生总数的 0.67%。	A total of 60,000 students learned Chinese during 2007 and 2008. Among the other foreign languages, Chinese has witnessed the fastest increase in the number of learners. However, the Chinese learners account for only 0.67 percent of the total of foreign language-learning students.
8	✗	北京有位著名的老太太，70 多岁，叫武英。武英没有像传统的中国老人那样为了孩子们活着，而是在 60 多岁的时候爱上了跳街舞。	Wu Ying, in her 70s, is a famous elderly lady living in Beijing. In her retirement, she has not followed suit with traditional elderly Chinese whose lives revolve around their children and grandchildren; instead, she has fallen in love with street dancing.
9	✗	"你吃了吗？" 这个句子现在的中国年轻人见面已经很少使用了。但小白仍然认为这句话非常适合中国，因为这里的美食太多，人们自然每天都会关心 "你吃了吗"。	"Did you have your meal?" This greeting is seldom used by Chinese young people. But Xiao Bai still believes that this greeting is very appropriate and suitable for Chinese people because there is so much great food here and it is natural for people to talk about what they eat.
10	✓	10 年前他第一次在中国同学家吃中国菜，从那以后他开始学做中国菜、学习汉语并了解中国的文化。	It was ten years ago at his Chinese classmate's home that he tasted Chinese dishes for the first time, then he started learning cooking Chinese dishes for himself and studying Chinese language and culture.

第二部分

题号	答案	题解	Explanation
11	B	"发奖金"表示经理把奖金交到女的手里。说明女的得奖金了。	The expression "发奖金" means paying bonus, so we can infer that the woman has got a bonus from the manager.
12	C	"同意"表示赞成另一方的想法，表明小王会帮男的请假。	"同意" has the same meaning as "agree" or "approve". In the conversation, Xiao Wang will help the man to ask for leave.
13	D	"信用卡"、"填"、"表格"等词说明对话发生在银行。	"Credit card", "fill in", "forms" and other words are indicating that the conversation took place in a bank.
14	A	男的说"除了汤做得太咸，其他方面都还不错"，说明饭馆儿的汤很咸。	The man says "except the soup is too salty, the other aspects are all pretty good", which indicates that the restaurant has a very salty soup.
15	D	女的说"推迟到 9 月 5 号了"。	The woman says that it is "推迟(postpone)到 9 月 5 号了".
16	B	男的最后一句话说他是在北京长大的。	The man says that he grows up in Beijing.
17	B	男的说因为在开会，所以不方便接电话。	The man says he was in conference, so it was inconvenient for him to answer the phone.
18	C	男的说他周六要出差。	The man says that he will be on a business trip on Saturday.
19	B	男的认为女的需要一台冰箱，建议她买一台。	The man thinks the woman needs a refrigerator, and he suggests that she buys one.
20	B	"电视里说明天会下雨"一句说明了明天的天气情况。	"The TV show says it will rain tomorrow" explains the weather condition tomorrow.
21	A	女的让男的把音乐声音关小，说明男的正在听音乐。	The woman asks the man to turn down the music, which indicates that the man is listening to the music now.
22	D	男的第一句说"我刚来中国学习"，可以判断男的正在中国留学。	In the first sentence the man says "I just came to China for study", from which we can infer that the man is studying in China.

23	B	女的说吃完药之后肚子已经不那么疼了，说明她的肚子不舒服。	The woman says her stomach is feeling better after taking the pills. We can infer that she has had a stomachache.
24	D	女的说的第一句话"先生，您需要再加点牛奶吗？"说明了她的服务员身份。	We can infer the woman is a waiter from the sentence "Sir, do you need to add some milk?"
25	C	从"复印机坏了"、"小李已经叫人过来修了"可以判断小李叫人过来修复印机。	The sentences "photocopier is broken", "Xiao Li had already asked people to come over and fix it" implies that Xiao Li has asked somebody to repair it.

第三部分

题号	答案	题解	Explanation
26	C	女的换手机号码了，所以男的联系不上她。	The woman changed her mobile phone number, so the man is therefore not able to contact her.
27	C	男的猜是小李过生日，女的说猜对了，说明今天是小李过生日。	The man guessed that it was Xiao Li's birthday and the woman says he was right. This explains that it is Xiao Li's birthday.
28	A	"参观"、"集合"都说明了他的导游身份。	We can infer that the man is a tourist guide from the words "参观", "集合".
29	C	"网上"、"新闻"等词说明他们在讨论新闻。	"Online", "news" and other words tell us they are talking about news.
30	C	"环境安静"一词说明房子周围环境不错。	"Environment is peaceful" shows the environment around the house is pretty good.
31	D	男的说要拿笔记去复印，可以判断他要去复印店。	The man says he will bring the notes to the photocopier, so we can infer that he will go to the print shop.
32	D	女的本来想和他一起吃饭，可是男的不能回来吃饭，所以她应该比较失望。	The woman wants to eat together, but the man cannot come back to eat, so we can infer that the woman should therefore be disappointed.
33	B	女的说要是自己也会开车就好了，男的便建议她去学开车。	The woman says she wishes she could drive, so the man suggested her to learn driving.

34	C	"一点也不便宜"一句说明女的认为商店里的东西贵。	The sentence "一点也不便宜" implies that the woman thinks the goods in the store are too expensive.
35	C	"继续写"、"材料"、"马上就写完了"等说明女的在写材料。	The phrases "Continue writing","materials", "finish writing immediately" explains that the woman is writing something.
36	C	全段分别提到了红色、黄色、蓝色，只有绿色没有讲到。	Red, yellow, blue are all referred in the paragraph respectively, but not green.
37	A	全段第二句话讲到"喜欢红色、黄色等温暖颜色的人比较热情"。	The second sentence of the paragraph "喜欢红色、黄色等温暖颜色的人比较热情" implies the answer.
38	D	"网站"、"加入人人网"说明这段话是人人网的广告，应该出现在网站上。	We can infer that this paragraph is the advertisement for Renren Websites from the expressions "网站"，"加入人人网". Therefore, this paragraph should appear on websites.
39	B	全段都在介绍人人网。	The whole paragraph is talking about the Renren Websites.
40	A	"妈妈祝你生日快乐"一句说明是妈妈在说话。	We can infer that the speaker is the mother from the sentence "mother wishes you a happy birthday".
41	C	"第一次在家里给你过生日"一句说明对话发生在家里。	"It's the first time we will have your birthday at home" tells us the conversation happened at home.
42	C	该段第二句话讲到"早上的温度太低，不适合运动"。	The second sentence of the paragraph "早上的温度太低，不适合运动"implies the answer.
43	A	该段第三句话"最好的运动时间是在吃完晚饭一个小时之后"。	The third sentence of the paragraph "最好的运动时间是在吃完晚饭一个小时之后" implies the answer.
44	C	"他开始当律师"一句说明李明的身份是律师。	The sentence "他开始当律师" tells us Li Ming is a lawyer.
45	B	"我们又成了邻居"一句说明他们现在是邻居关系。	We can infer that they are neighbors from the sentence "我们又成了邻居".

2. 阅读

第一部分

题号	答案	题解	Explanation
46	B	今天晚上的节目让他忘记了那些不愉快的事情。	The program tonight made him forget those unpleasant affairs.
47	A	老师让我们写一篇关于中国人住房情况的文章。	The teacher asked us to write a article about housing conditions of the Chinese.
48	C	他的意见引起了很多学者的注意。	His idea has received attention from many scholars.
49	E	我们十个人可以分成两组，去北京和上海做市场调查。	The ten of us can divide into two groups to do market research in Beijing and Shanghai.
50	D	那家商店为了吸引顾客，每个星期都有打折活动。	That store, to attract more customers, has discounts every week.
51	C	没问题，只要明天中午以前还给我就行。	No problem, as long as you can return it no later than tomorrow noon.
52	B	我从来没有做这个工作的经验，恐怕做不好。	I never had experience for this job, I am afraid I can't do it well.
53	E	哎呀，离放假只有两个星期了，我还没有买回家的机票呢！	My God! The holiday is only in two weeks, I haven't buy the airplane ticket to go home yet.
54	A	我有点儿头疼，想坐窗户旁边，能换一下吗？	I feel a bit headache. I'd like to sit by the window. Could we change seats?
55	D	对不起，我走错方向了。	Sorry, I went the wrong way.

第二部分

题号	答案	题解	Explanation
56	ACB	现在天气热，你们坐空调车吧，更舒服些。	Now, it's hot. You'd better take an air-conditioned bus. It's more comfortable.

57	ABC	你们在北京这段时间，各种交通工具都坐过了，觉得北京的交通怎么样？	What do you think of Beijing's transportation since you have tried all the different kinds of transportation in Beijing?
58	CBA	北京的路大部分都挺宽，街道也挺干净，不过经常堵车。	Most of the roads are wide and the streets are clean, but there are often traffic jams.
59	ABC	父亲不在以后，为了养家，哥哥不得不放弃学业，去城里找了份工作。	After father's death, to support the whole family, my elder brother had to drop out of school and went to the city to find a job.
60	CAB	今天真热，没有三十七度，也有三十五度。	It's really hot today. If the temperature is not as high as 37 degrees, then it's at least 35 degrees.
61	ACB	为了节约钱，两个公司决定一起做生意，一个负责生产食品，另一个负责卖食品。	To save money, the two companies decided to do business together, one is responsible for producing foods, the other is responsible for selling foods.
62	BCA	得到老师的鼓励后，她信心增加了不少，决心要在这次比赛中得到好成绩。	The teacher's encouragement made her confidence boosted, and she decides to get a good result in this competition.
63	ACB	有人告诉我小王是个很马虎的人，和她工作一段时间后，我发现确实是这样。	Somebody once told me that Xiao Wang was a very careless person. After working with her for a while, I can see that she really is.
64	ACB	她告诉记者，这种衣服今年很流行，她花了 4 400 多元，可是在北京 5 000 元都买不到。	She told the reporter that this kind of clothing is very popular this year. She paid more than 4,400 yuan for it, but it can't be bought even you pay 5,000 yuan in Beijing.
65	BAC	他很喜欢喝茶，所以他在家的时候喝茶，旅游的时候也要带上茶。	He likes tea, so he drinks tea at home, and brings tea with him when he travels.

第三部分

题号	答案	题 解	Explanation
66	B	第一句话说明人们感到幸福是因为他们的生活态度很好。	The first sentence indicates that people feel happy because their life manner is very good.
67	A	整段话讲工资高低和幸福的关系。	The whole paragraph is about the relationship between salary and happiness.
68	B	"可以把你喜欢的照片印到杯子上"说明杯子很特别。	"You can print the pictures you like on the mug"indicates that the mug is very special.
69	D	"农村没有城市生活方便"说明"住在城市生活比较方便"。	"The city life is more convenient than the rural life" indicates "living in the city is more convenient".
70	B	"夏季穿红色的衣服比较好"说明答案选 B。	"It is better to wear red in summer" indicates the answer should be B.
71	C	"每天都吸引很多人来参观"说明"游客很多"。	"The Great Wall attracts many visitors every day" indicates "there are lots of tourists".
72	C	"如果你丢了电脑，请与我联系"说明"还电脑"。	"If you lost your computer, please contact me" indicates "return the computer."
73	B	"这样不但容易越吃越胖，而且还容易生病"说明"可能生病"。	"In this way, you are not only likely to gain more weight, but also get sick" indicates "likely to be sick."
74	A	"为了运动时感觉更舒服一些和更好地保护好自己的脚"说明的是原因。	"In order to feel more comfortable and protect your feet better" indicates the reason.
75	D	"可是每个周末他和妈妈一定会带我回家看爷爷""给爷爷带很多好吃的"说明爸爸很爱爷爷。	"Every weekend my father would take me to visit grandpa" and "bring many delicious foods for my grandpa" indicate his father loves his grandpa.

76	C	最后一句"很多顾客不满意这一点"中"这一点"是指"他们卖得比外边贵很多"。	"This point" in the last sentence "many customers were not satisfied with this point" refers to "the drinks in the restaurant are more expensive than those outside the restaurant".
77	D	"人体一次的科学锻炼时间为 1 至 1.5 小时"说明应该选 D。	"The scientific training time for human should be 1 to 1.5 hours each time" indicates the answer is D.
78	C	"更多的人喜欢打电话或者上网聊天"说明应该选 C。	"More people like making telephone calls or chatting online" indicates the answer is C.
79	C	他拿出一大部分钱帮助那些穷人，所以获得了大家的尊重。	Because he donated most of his money to the poor, he was respected by all.
80	A	足球被认为是"世界第一运动"。	Soccer is considered to be "the world's first sports".
81	B	"最受人们喜爱"说明很受欢迎。	"It is the most popular" indicates it was very popular.
82	C	"这些人常常心情不好，因此影响了睡觉效果"说明应该选 C。	"These people are always in bad mood, therefore they could not sleep well" indicates the answer is C.
83	A	最后一句"晚上最好在 11 点以前睡觉"说明应该选择 A。	The last sentence "we'd better go to bed before 11 pm" indicates the correct answer is A.
84	B	第三句话说朋友"是帮你解决困难的人"。	The third sentence means friends "are those who can help you out".
85	C	全段都在讲什么是真正的朋友。	The whole paragraph is talking about what a true friend is.

3. 书写

第一部分（参考答案）

86. 香蕉多少钱一斤？ / 一斤香蕉多少钱？

87. 我和他都是在广东出生的。

88. 教室里不能吃东西。

89. 我向你说明一个情况。

90. 他穿着一件蓝色上衣

91. 我想请她去吃饭。

92. 她被邀请参加那个活动。

93. 考试时间大约为 150 分钟。

94. 最重要的是养成好的学习习惯。

95. 他找到了一个好工作。

第二部分（参考答案）

96. 他们觉得很失望。

97. 他们骑自行车去旅游。

98. 我很喜欢这些礼物。

99. 他们为小李鼓掌加油。

100. 现在苹果比较贵。

新汉语水平考试
HSK（四级）

模拟试题五

注　意

一、HSK（四级）分三部分：

1. 听力（45题，约30分钟）

2. 阅读（40题，40分钟）

3. 书写（15题，25分钟）

二、听力结束后，有5分钟填写答题卡。

三、全部考试约105分钟（含考生填写个人信息时间5分钟）

一、听力

第一部分

⊙ **第 1~10 题：判断对错。**

例如：我想去办个借书证，明天下午你有时间吗？陪我去一趟图书馆。

★他打算明天下午去图书馆。　　　　　　　　　　（ ✓ ）

身高只有一米六，他是世界上最著名的矮个子篮球运动员。他曾经说过："篮球不只是让那些高个子打的，也是给那些喜欢它的人们打的。"

★他是个高个子的篮球运动员。　　　　　　　　　（ ✗ ）

1. ★很多外国人因为中国功夫和中国菜而喜欢中国。　（　）
2. ★他最喜欢上海菜。　　　　　　　　　　　　　　（　）
3. ★我和哥哥姐姐一起去了中国。　　　　　　　　　（　）
4. ★他们一起去看电影了。　　　　　　　　　　　　（　）
5. ★小张觉得自己的英语不标准。　　　　　　　　　（　）
6. ★他只看高水平的足球比赛。　　　　　　　　　　（　）
7. ★他的妻子想回家乡看一看。　　　　　　　　　　（　）
8. ★我和大山爱好一样。　　　　　　　　　　　　　（　）
9. ★我小时候没见过雪。　　　　　　　　　　　　　（　）
10. ★我每天和朋友们聊天儿。　　　　　　　　　　　（　）

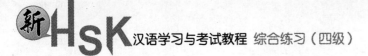

第二部分

⊙ 第 11~25 题：请选出正确答案。

例如： 女：来北京好多年了吧？你觉得北京和你的家乡在气候上有什么区别？

男：夏天都差不多，只是冬天北京比较冷，而我的家乡更暖和。

问：他们在谈什么？

A. 文化　　B. 风景　　C. 职业　　D. 气候 ✓

11. A. 医生　　　　　B. 护士　　　　　C. 老师　　　　　D. 律师
12. A. 夫妻　　　　　　　　　　　　　B. 同事
　　C. 老师和学生　　　　　　　　　D. 售货员和顾客
13. A. 饭馆儿　　　　B. 照相馆　　　　C. 理发店　　　　D. 洗衣店
14. A. 电视　　　　　B. 电脑　　　　　C. 空调　　　　　D. 冰箱
15. A. 上班早　　　　B. 爱说话　　　　C. 总是加班　　　D. 做事粗心
16. A. 女的　　　　　B 男的　　　　　C. 李明明　　　　D. 张老师
17. A. 游泳　　　　　B. 洗澡　　　　　C. 跑步　　　　　D. 打球
18. A. 公交站　　　　B. 图书馆　　　　C. 电影院　　　　D. 运动场
19. A. 喜欢唱歌　　　　　　　　　　　B. 会弹钢琴
　　C. 喜欢画画　　　　　　　　　　D. 会写小说
20. A. 天气　　　　　B. 电视　　　　　C. 电影　　　　　D. 旅游
21. A. 老师　　　　　B. 家长　　　　　C. 学生　　　　　D. 王红
22. A. 失望　　　　　B. 得意　　　　　C. 吃惊　　　　　D. 紧张
23. A. 八点　　　　　B. 八点半　　　　C. 九点　　　　　D. 九点半
24. A. 不要问我　　　　　　　　　　　B. 当然可以
　　C. 他正在用　　　　　　　　　　D. 用完再给女的
25. A. 3：00　　　　B. 3：05　　　　C. 3：10　　　　D. 3：15

第三部分

⊙ **第 26~45 题：**请选出正确答案。

例如：男：小姐，您好，这是您的房卡。

女：谢谢！你们的餐厅在哪儿？

男：从这儿往前走，左边就是。

女：好，谢谢！

问：男的最可能是做什么的？

A.演员　　B.记者　　C.售货员　　D.服务员 ✓

26. A. 公司　　　　　B. 公园　　　　　C. 电影院　　　　D. 音乐厅
27. A.5 元　　　　　B.10 元　　　　　C.15 元　　　　　D.20 元
28. A. 我比她来得早　　　　　　B. 她比我来得早
　　C. 我来时没看到她　　　　　D. 她和我一起来的
29. A. 喜欢当服务员　　　　　　B. 没有找到工作
　　C. 在饭馆儿打工　　　　　　D. 不愿意干别的
30. A. 爱看电视　　　　　　　　B. 没看广告
　　C. 忘了买手机　　　　　　　D. 被广告骗了
31. A. 喜欢　　　　　B. 羡慕　　　　　C. 同情　　　　　D. 讨厌
32. A. 医生　　　　　B. 教授　　　　　C. 老板　　　　　D. 律师
33. A. 睡觉　　　　　B. 上课　　　　　C. 看电视　　　　D. 看动物
34. A. 坐地铁　　　　B. 走路去　　　　C. 坐出租　　　　D. 坐公交
35. A. 得慢慢学　　　　　　　　B. 还得学快点儿
　　C. 女的学得太慢了　　　　　D. 学这点儿就够了
36. A. 车站　　　　　B. 机场　　　　　C. 火车上　　　　D. 飞机上
37. A. 北京　　　　　B. 昆明　　　　　C. 成都　　　　　D. 上海
38. A. 复杂　　　　　B. 激动　　　　　C. 紧张　　　　　D. 失望
39. A. 结婚了　　　　B. 当爸爸了　　　C. 还没结婚　　　D. 有女朋友

40. A. 对人热情   B. 比较浪漫
    C. 不太聪明   D. 有点骄傲

41. A. 同学   B. 邻居   C. 同事   D. 师生

42. A. 电视上   B. 杂志上   C. 广播里   D. 网站上

43. A. 家长   B. 学生   C. 教授   D. 律师

44. A. 活泼   B. 幽默   C. 害羞   D. 冷静

45. A. 十六岁   B. 十八岁   C. 二十岁   D. 二十二岁

二、阅读

第一部分

⊙ 第 46~50 题：选词填空。

A. 基础   B. 使用   C. 因此   D. 解决   E. 工资   F. 尊重

例如：同事间当然应该互相信任、互相支持、互相（ F ）。

46. 他（   ）不低，可是每个月不到月底就没钱了。

47. 这个国家的（   ）教育为小学六年和中学六年。

48. 新来的老师在教学上遇到很多问题，但都一个一个（   ）了。

49. 那个公司的工资高、环境好，（   ）很多人都想到那个公司工作。

50. （   ）新电脑之前，一定要把说明看清楚。

⊙ 第 51~55 题：选词填空。

A. 生活   B. 感谢   C. 难道   D. 超过   E. 修   F. 撞

例如：A：你认识小张吗？

        B：小张是我最好的朋友，他常常在（ A ）上帮助我。

51. A：师傅，我想租一辆自行车。

B：好。一小时两块，（　　）半小时按一小时算。

52. A：外边天太黑了，路都看不清楚。

B：所以车都开得很慢，就怕跟别的车（　　）上。

53. A：还没到站，车怎么停了？

B：车坏了，要（　　）一下。

54. A：别把东西忘在车上。来，我帮你们拿行李。

B：不用，谢谢！刘先生，（　　）你这段时间一直照顾我们。

55. A：她是谁？

B：她是去年来的校长啊，（　　）你不认识她？

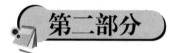第二部分

⊙ 第 56~65 题，排列顺序。

例如：A. 然而在红海里

B. 不会游泳的人最怕掉进水里

C. 人可以躺在水面上不会沉下去　　　　B A C

56. A. 连星期天也不例外

B. 每天都有很多作业要做

C. 我的弟弟正在准备大学入学考试　　_____

57. A. 无论老张怎么说

B. 女儿都不听

C. 他觉得他实在是没有办法了　　_____

58. A. 现在的电影太多了

B. 我们俩都没主意了

C. 不知道看哪个好了　　_____

59. A. 人们很难互相交流

B. 中国各地的语言不同

C. 如果没有普通话　　　　　　　　　　　＿＿＿＿＿＿

60. A. 上学不是忘了带作业

　　B. 就是忘了带书本

　　C. 我家孩子做事儿总是马马虎虎　　　　＿＿＿＿＿＿

61. A. 中国从南到北

　　B. 从东到西

　　C. 每个地方都有自己的特点　　　　　　＿＿＿＿＿＿

62. A. 中文是学生的选修课，她教初一到高三的中文

　　B. 小杨任教的学校是当地最大的女子中学

　　C. 大约有 2 500 多名学生　　　　　　　＿＿＿＿＿＿

63. A. 孩子们学习中文

　　B. 还包括我们中国的文化、历史等等

　　C. 不仅仅是学习听说读写　　　　　　　＿＿＿＿＿＿

64. A. 见到别人的优点就应该学习

　　B. 见到别人的缺点就应该看看自己身上有没有这样的缺点，有
　　　 的话，就要改过来

　　C. 每个人身上都有优点和缺点　　　　　＿＿＿＿＿＿

65. A. 同时也是一座著名的历史、文化、旅游名城

　　B. 是全国的文化中心

　　C. 北京是中国的首都　　　　　　　　　＿＿＿＿＿＿

第三部分

⊙ **第 66~85 题：** 请选出正确答案。

例如：在中国生活的三年使他在音乐方面有了很多新的想法，他把
　　　京剧的一些特点增加到自己的音乐中，取得了很好的效果。

　　　★根据这段话，可以知道他：

A. 很热情   B. 会唱京剧

C. 受到京剧影响 ✓   D. 离开中国三年了

66. 明天是周末了，终于可以休息两天了，本来打算去北京好好玩玩，可是快下班的时候经理给我打电话，通知我明天去上海开会。

★ 我打算去北京：

A. 出差   B. 旅游   C. 开会   D. 约会

67. 随着经济的发展，生活水平的提高，人们污染水、浪费水的情况越来越严重。为了保护环境，我们应该从小教育孩子养成节约用水的习惯。

★ 节约用水是为了：

A. 保护环境   B. 教育孩子

C. 发展经济   D. 提高生活水平

68. 由成龙、胡歌、李冰冰等著名演员主演，70 多位有名的演员参加演出的电影《辛亥革命》，将于今天晚上八点在本台开播，欢迎收看。

★ 这段话最可能是：

A. 小说   B. 日记   C. 广播   D. 广告

69. 饺子在中国已经有一千四百多年的历史了。在中国大部分地区，春节的时候，不论穷富，饺子都是不可缺少的节日饭。人们喜欢一家人一起包饺子，边包饺子边聊天。

★ 关于饺子，我们知道：

A. 历史很久   B. 春节才吃   C. 穷人才吃   D. 富人才吃

70. 我们店有六台打印机，为了节约您的时间，如果打印 50 页以上，请用 1 号和 2 号打印机，否则请用 3 号到 6 号打印机。

★ 打印多少页最好去 2 号打印机？

A.20 页   B.30 页   C.40 页   D.60 页

71. 现在越来越多的人开始注意自己的健康，大多数人认为少吃肉多吃菜就一定会更健康。其实并不一定是这样，人们应该根据自己身体的特点来选择合适的菜。

★根据这段话，为了健康，我们应该：

A. 多吃菜　　　　　　　　　B. 只吃菜

C. 少吃肉　　　　　　　　　D. 吃适合自己的菜

72. 如果你真的不喜欢这份工作，可以考虑换别的工作，但是在换工作以前最好先好好想一想，不要太着急，别刚换了新工作就后悔了。

★根据这段话可以知道听话方：

A. 很着急　　　B. 后悔了　　　C. 想换工作　　　D. 换了工作

73. 泰山高 1 532.7 米，是中国最美的十大名山之一。它位于山东省中部，自然风景非常漂亮，去泰山旅游的最好时间为每年的 5 月到 11 月。

★从这段话，我们知道泰山：

A. 非常有名　　　　　　　　B. 游客很多

C. 不到 1 500 米　　　　　　D. 3 月去旅游好

74. 出去旅游时，如果不赶时间的话，可以坐火车，这样不仅可以看风景，而且节约钱。回来最好坐飞机，玩累了，坐飞机回来又快又舒服。

★出去旅游时，坐火车的好处是：

A. 省钱　　　B. 舒服　　　C. 方便　　　D. 速度快

75. 就要离开工作两年的少数民族地区了，当地朋友主动邀请我们去他们家做客，吃完饭以后还教我们骑马，做奶酒，唱民歌，我们高兴极了。

★要离开少数民族地区时，我们：

A. 学习骑马　　　　　　　　B. 教朋友做酒

C. 请朋友吃饭　　　　　　　D. 参加唱歌比赛

76. 晚上加班到很晚才回家，刚到家就看到桌子上放满我喜欢吃的菜，这时候妻子从厨房出来，拿出一个自己做的漂亮的蛋糕，高兴地说："祝你生日快乐！"我非常感动，为有这么好的妻子而感到骄傲！

★根据这段话，可以知道今天：

A. 他回家很晚   B. 他买了蛋糕

C. 妻子过生日   D. 妻子很漂亮

77. 我对导游帮我介绍的宾馆比较满意。首先，房间很干净；其次，交通还比较方便；另外，环境还算不错，每天早晨还有免费的早餐。

★根据这段话，我们知道宾馆的：

A. 价格很贵   B. 环境不好   C. 房间干净   D. 早餐好吃

78. 电脑已成为我们生活中不可缺少的一部分。每天早上上班第一件事就是打开电脑，看看有没有新邮件，然后看看新闻；晚上吃完饭后的第一件事也是打开电脑，上网聊天、玩游戏、看电影，到半夜才睡觉，这已经成为大多数年轻人的一种习惯。

★这段话主要谈年轻人：

A. 喜欢玩游戏   B. 离不开电脑   C. 半夜才睡觉   D. 爱上网聊天

79. 怎么才能说一口流利的汉语？如果有机会而且有时间的话最好到讲汉语的地方生活一段时间，你就能说一口流利的汉语了。

★到讲汉语的地方生活是因为：

A. 有好机会   B. 有很多时间   C. 语言环境好   D. 生活条件好

80~81.

食物的颜色对每个人都会有一定的影响。红色食物使你心情非常好，你觉得累的时候可以吃这种颜色的食物。黄色对提高学习兴趣有帮助，尤其适合作为早饭的颜色。绿色能够缓解紧张的心情，与其他颜色的食物一起吃效果更好。白色可以帮助你产生积极的想法。黑色可以让你更自信。

★早饭适合吃什么颜色的食物?

A. 红色　　　　B. 黄色　　　　C. 白色　　　　D. 蓝色

★哪种颜色的食物与其他食物一起吃效果最好?

A. 白色　　　　B. 红色　　　　C. 绿色　　　　D. 黑色

82~83.

在我国，春节的时候，少数民族会按照自己的习惯，举行各种各样的活动。藏族新年第一天早晨，女人们都会去取"吉祥水"。彝族很多地方新年第一天由男人做饭，让妇女休息，以表示对她们辛苦一年的感谢。布依族新年第一天天刚亮，姑娘们便跑去河边取水，谁最先取回家，谁就是最幸福的人。水族春节期间孩子们会向大人要糖吃，谁要得最多，谁就被认为将来最聪明健康。

★根据这一段，新年第一天女人可以休息的民族是:

A. 藏族　　　B. 汉族　　　　C. 彝族　　　　D. 布依族

★这段话主要讲一些少数民族:

A. 怎么生活　　B. 最大的节日　C. 有什么习惯　D. 怎么过春节

84~85.

人生活在这个世界，肯定都希望自己是快乐的，那么什么才是真正的快乐? 很多人都觉得得到的越多，就会越快乐；也有人觉得越有名，就会越快乐。也就是说在大部分人的心中，快乐是需要一定条件的，其实，真正的快乐是无条件的，是一种对生活满意的感觉。所以孩子们往往是最容易感到快乐的。

★谁最容易觉得快乐?

A. 富人　　　　B. 穷人　　　　C. 孩子　　　　D. 老人

★这段话主要讲什么是:

A. 真正的快乐　　　　　　B. 快乐的条件

C. 快乐的感觉　　　　　　D. 快乐的原因

三、书写

第一部分

⊙ **第 86~95 题：完成句子。**

例如：　吃　得　不太好　对身体　太饱

　　　　吃得太饱对身体不太好。

86. 一家　杂志社　在　小王　工作

_____

87. 十二点　晚上　上网　还在　他

_____

88. 弟弟　上　几年级　你　了

_____

89. 都　打针　怕　小孩子

_____

90. 离开上海　的　小张　是　去年秋天

_____

91. 吃　喜欢　小猫　鱼

_____

92. 词典　很多　书架上　摆着

_____

93. 的 受到了 京剧 各国人民 喜爱

_____

94. 爱吃 中国菜 玛丽 特别

_____

95. 住 去了 搬到 他们 校外

_____

第二部分

⊙ 第 96~100 题：看图，用词造句。

例如：
人民币
我想换一些人民币。

96.
咳嗽

_____

97.    宽

_____

98.    图书馆

_____

99.    祝

_____

100.    陪

_____

听力材料

（音乐，30秒，渐弱）

大家好！欢迎参加 HSK（四级）考试。

大家好！欢迎参加 HSK（四级）考试。

大家好！欢迎参加 HSK（四级）考试。

HSK（四级）听力考试分三部分，共45题。

请大家注意，听力考试现在开始。

第一部分

⊙一共 10 个题，每题听一次。

> 例如: 我想去办个借书证，明天下午你有时间吗？陪我去一趟图书馆。
>
> ★他打算明天下午去图书馆。
>
> 身高只有一米六，他是世界上最著名的矮个子篮球运动员。他曾经说过："篮球不只是让那些高个子打的，也是给那些喜欢它的人们打的。"
>
> ★他是个高个子的篮球运动员。

现在开始第 1 题：

1. 他说，很多外国人喜欢中国的原因是复杂的，但如果一定要简单地总结，他会说："因为中国的功夫和中国菜。"

   ★很多外国人因为中国功夫和中国菜而喜欢中国。

2. "我知道中国菜有很多种，可有的味道我很难适应"，来自美国的小龙说，不是所有的中国菜他都喜欢，他最喜欢的是上海菜。

★ 他最喜欢上海菜。

3. 第一次随爸爸妈妈去中国的时候，我还只是个孩子。见到不认识的小朋友，妈妈总是让我叫他们"哥哥"和"姐姐"。我觉得奇怪，他们又不是我爸爸妈妈的孩子，我为什么要叫他们哥哥姐姐？

★ 我和哥哥姐姐一起去了中国。

4. 今天我本来想请小静去看电影。票都已经买好了，可是她说，今天是她妈妈的生日，要举行一个大的生日晚会。我就跟她一起去了。

★ 他们一起去看电影了。

5. 小张真奇怪，总是想要学标准的美国英语。每天除了跟着电视学还不够，还要跟我学。其实，她说的英语挺好听的，我基本上都能听懂。

★ 小张觉得自己的英语不标准。

6. 我从小就喜欢上了足球，只要有足球比赛，我就看。不管什么水平的足球比赛，只要能看得到，我都看。

★ 他只看高水平的足球比赛。

7. 我的妻子总是说她的家乡多么多么漂亮。也许是她离开家乡的时间太长，很想念自己的父母和朋友，所以一定要回去看一看。

★ 他的妻子想回家乡看一看。

8. 好久没和大山联系了，挺想他的。他是我的好朋友，以前他老是让我跟他一起去玩儿，可是我跟他的爱好不一样，玩儿不到一起去。

★ 我和大山爱好一样。

9. 我从小在中国南方长大，连雪的样子都没有见过，怎么可能会滑雪、打冰球呢？

★我小时候没见过雪。

10. 我在这儿学习和生活都非常轻松。早上起来散散步，晚饭以后翻翻报纸，看看电视；有些时候来几个朋友，还能一起聊聊天儿。

★我每天和朋友们聊天儿。

第二部分

⊙一共 15 个题，每题听一次。

例如：女：来北京好多年了吧？你觉得北京和你的家乡在气候上
有什么区别？

男：夏天都差不多，只是冬天北京比较冷，而我的家乡更
暖和。

问：他们在谈什么？

现在开始第 11 题：

11. 女：我昨天在医院看到你妻子了，她是在那里上班吗？

男：对啊，她在那家医院里当护士。

问：男的的妻子是做什么的？

12. 男：还能不能再便宜点儿？

女：已经给您打 5 折了，先生！

问：他们最有可能是什么关系？

13. 男：您好，干洗一件衣服多少钱？

女：大件二十块，小件十五块。

问：对话最可能发生在什么地方？

14. 女：老张，好久不见，最近生意做得怎么样啊？

男：生意不错，不过我现在不卖空调，开始卖电脑了。

问：男的现在卖什么？

15. 男：新来的小张还不错吧？

女：哪儿啊，上班迟到、做事马虎不说，还不爱说话。

问：新来的小张怎么样？

16. 女：张老师，我是李明明的妈妈，他今天生病了，不能去上学，
       向您请个假。
    男：好的，我知道了。
    问：谁生病了？

17. 女：你等等我吧，我实在游不动了。
    男：快点啊，我游慢点等你。
    问：他们最可能在做什么？

18. 男：请问，去国家图书馆是在这里坐车吗？
    女：方向反了，你应该去马路对面坐。
    问：对话可能发生在哪儿？

19. 男：你怎么这么小就会弹钢琴？
    女：我跟我妈妈学的。
    问：关于她妈妈，可以知道什么？

20. 男：真希望这场雨能快点停下来，都下了一周了。
    女：电视里说明天是晴天，雨会停。
    问：他们在讨论什么？

21. 女：请问是王红的爸爸吗，您还要多久才能到学校接他？
    男：我正在路上，堵车了，大约半个小时能到。
    问：根据对话，女的最可能是谁？

22. 男：小黄，祝你生日快乐！这是我送给你的礼物。
    女：啊！我都忘了今天是自己的生日了。谢谢你。
    问：女的心情怎样？

23. 男：我看还是早点出发吧，八点就走，别让人等咱们。
    女：太早啦，我们九点出发就行，30分钟肯定能到。
    问：他们跟别人约的几点见面？

24. 女：我能不能借你的手机打个电话？
    男：那还用说！
    问：男的是什么意思？

25. 女：请问现在几点了？

男：三点过五分，不过我的表慢了 5 分钟。

问：现在几点了？

第三部分

⊙一共 20 个题，每题听一次。

例如：男：小姐，您好，这是您的房卡。

女：谢谢！你们的餐厅在哪儿？

男：从这儿往前走，左边就是。

女：好，谢谢！

问：男的最可能是做什么的？

现在开始第 26 题：

26. 女：你周末有什么安排吗？

男：没有，怎么了？

女：天气这么好，我们去森林公园吧。

男：行啊，正好这周森林公园有一场音乐会，我们去听听吧。

问：他们周末最有可能去哪儿？

27. 男：请问毛巾怎么卖？

女：红色的 10 元一条，蓝色的更厚，15 元一条。

男：还有其他颜色的吗？

女：没有了。

男：那我买一条蓝色的吧！

问：男的买毛巾需要多少钱？

28. 男：这人是什么时候来的？刚来的吗？

女：你是说穿红裙子的那位？

男：是啊。

女：不太清楚，我来的时候她已经在这儿了。

问：女的是什么意思？

29. 女：你儿子毕业之后去哪里工作了呀？

男：在我开的饭馆儿里当服务员。

女：那也挺不错的啊。

男：先让他积累点儿工作经验吧。

问：关于他的儿子，可以知道什么？

30. 男：你看到电视上的手机广告了吗？

女：看到了啊，这几天电视里一直在放。

男：怎么样？买了吗？

女：后悔啊，我买了之后才发现跟广告上说的差得很远。

问：关于女的，可以知道什么？

31. 男：明天的活动小张会参加吗？

女：他生病了，估计不会参加。

男：他不来参加那太好了，我一见他就头疼。

女：我也是，不过你要知道，我们还得和他一起工作很长时间呢。

问：男的对小张的态度怎么样？

32. 女：怎么这么晚才回来，是不是又加班了？

男：别提了，今天的工作特别累。

女：是病人太多了吗？

男：可不是，最近气温变化大，今天好多病人过来看病。

问：男的最有可能是做什么的？

33. 男：妈妈，我想再看会儿电视。

女：你还看呀？该睡觉了。

男：可是明天不用上课呀。

女：你爸爸说明天早上我们一起去动物园。

问：男的刚刚在做什么？

34. 女：你准备好了没，准备好了我们就出发吧！

男：马上就好。对了，我们怎么过去啊？

女：我们坐公交车去吧，要不就先走一段再坐地铁过去。

男：坐公交和地铁的人太多了，大夏天的多热啊，我看还是打车过去算了！

问：男的希望怎么过去？

35. 女：老王，你学开车学得怎么样了啊？

男：还行，就快能上路开车了。你呢？

女：真羡慕你，为什么我就总也学不会呢？

男：学一点是一点儿。

问：男的是什么意思？

第 36 到 37 题是根据下面一段话：

各位旅客，您现在乘坐的是由北京飞往昆明的 CA1412 次航班。非常感谢您选择我们公司的航班，我们会为您提供最好的服务。飞机马上就要起飞了，为保证您的安全，请关掉您的手机。

36. 说话人最可能在哪儿？

37. 此次航班的目的地是哪里？

第 38 到 39 题是根据下面一段话：

今天我本来准备上街去买点儿吃的，没想到在街上遇到了刘伟，当时心情好激动。刘伟是我高中同学，毕业之后我们还是第一次见面。刘伟现在已经是两个孩子的爸爸了，而我连女朋友在哪里都不知道。

38. 说话人见到刘伟心情怎样？

39. 关于说话人，可以知道什么？

第 40 到 41 题是根据下面一段话：

人们常常认为长得漂亮的女生往往不够聪明，我可不这样认为。我们班的王丽丽就不是这样。王丽丽是我们班班长，不仅长得漂亮，还会弹钢琴，并且每次考试都是我们班的第一名。

40. 人们往往认为漂亮的女生怎么样？

41. 说话人和王丽丽是什么关系？

第 42 到 43 题是根据下面一段话：

　　欢迎收听北京广播，现在是广告时间。"您有孩子正在上学吗？您希望您的孩子能接受到最好的教育吗？您希望每天只花五分钟就能把孩子送到学校吗？如果您的答案是'是'，那就快来买我们的房子吧！我们的房子离北京市最好的高中只有 500 米，而且价格便宜，肯定是您最好的选择！"

　　42. 这段话出现在哪里？

　　43. 说话者最希望这段话被谁听到？

第 44 到 45 题是根据下面一段话：

　　虽然我和亲妹妹只差两岁，可我俩一点儿也不像。我妹妹的眼睛特别大，而我却长了一对小眼睛；我性格活泼，妹妹却很害羞。妹妹今年 18 岁，已经学会了开车，可我连自行车都不会骑。

　　44. 妹妹性格怎么样？

　　45. 我今年多大？

听力考试现在结束。

参考答案及题解（五）
（中英文）

1. 听力

第一部分

题号	答案	题解	Explanation
1	✓	他说，很多外国人喜欢中国的原因是复杂的，但如果一定要简单地总结，他会说，"因为中国的功夫和中国菜。"	He said, the reasons foreigners like China are very complicated. And when he was asked to explain them in very simple words, he wowld say "it is because of Chinese kungfu and Chinese cuisine".
2	✓	"我知道中国菜有很多种，可有的味道我很难适应"，来自美国的小龙说，不是所有的中国菜他都喜欢，他最喜欢的是上海菜。	"I know there are many different styles of cuisine in China and it is hard for me to get used to some of them." said Xiao Long, a foreign student from America. He admitted that he didn't like all the Chinese dishes. His favorite is Shanghai Cuisine.
3	✗	第一次随爸爸妈妈去中国的时候，我还只是个孩子。见到不认识的小朋友，妈妈总是让我叫他们"哥哥"和"姐姐"。我觉得奇怪，他们又不是我爸爸妈妈的孩子，我为什么要叫他们哥哥姐姐？	When I first went to China with my parents, I was a little child. When we saw other Chinese children, my mother always told me to call them"brothers" and "sisters". I felt confused. Since they were not children of my parents, why should I call them "brothers" and "sisters"?

4	✗	今天我本来想请小静去看电影。票都已经买好了，可是她说，今天是她妈妈的生日，要举行一个大的生日晚会。我就跟她一起去了。	Today, I originally wanted to invite Xiao Jing to see a movie. I had already bought the tickets, but Xiao Jing said that today was her mother's birthday, and they would held a big birthday party, so I went to the party with Xiao Jing.
5	✓	小张真奇怪，总是想要学标准的美国英语。每天除了跟着电视学还不够，还要跟我学。其实，她说的英语挺好听的，我基本上都能听懂。	It's quite strange that Xiao Zhang has always wanted to learn standard American English. It's not enough that she learns it from TV every day; she also wants to learn it from me. Actually, her English sounds very good; I can basically understand her.
6	✗	我从小就喜欢上了足球，只要有足球比赛，我就看。不管什么水平的足球比赛，只要能看得到，我都看。	I have been crazy about football since I was little; so long as there's a football game on, I'll watch it. Whatever the lever of the football game; so long as it can be watched, I'll watch it.
7	✓	我的妻子总是说她的家乡多么多么漂亮。也许是她离开家乡的时间太长，很想念自己的父母和朋友，所以一定要回去看一看。	My wife was always saying how extremely beautiful her hometown is. Maybe it was because she had been away from her hometown for too long, and she missed her parents and friends so much, that she was so determined to go back for a visit.
8	✗	好久没和大山联系了，挺想他的。他是我的好朋友，以前他老是让我跟他一起去玩儿，可是我跟他的爱好不一样，玩儿不到一起去。	I have not been in touch with Dashan for such a long time. I miss him very much. He is a good friend of me. He used to ask me to do something fun with him. But we do not share common hobbies, so we wouldn't have any fun together.

9	✓	我从小在中国南方长大，连雪的样子都没有见过，怎么可能会滑雪、打冰球呢？	I grew up in the south of China, and I had never seen snow before. How would I possibly know how to ski or play ice hockey?
10	✗	我在这儿学习和生活都非常轻松。早上起来散散步，晚饭以后翻翻报纸，看看电视；有些时候来几个朋友，还能一起聊聊天儿。	Both my study and my lifestyle here are quite relaxed. In the mornings I get up and take a walk. After dinner, I glance over the newspaper and watch television. Sometimes, friends come over and we chat.

第二部分

题号	答案	题解	Explanation
11	B	男的说他的妻子在那家医院里当护士，说明他妻子的职业是护士。	The man says that his wife is a nurse in that hospital, so we should choose the answer B.
12	D	"便宜"、"打5折"等词说明对话发生在商店，女的是售货员，男的是顾客。	We can infer that the conversation happens in the store from the words "便宜"，"打5折"，which also tell us that the lady is a salesperson and the man is a customer.
13	D	"干洗"是指洗衣服，所以对话应该发生在洗衣店。	The word "干洗" means "dry cleaning", so the conversation happened in a laundry.
14	B	老张现在不卖空调，开始卖电脑了。	Lao Zhang begins to sell computers and he doesn't sell air-conditioners any more.
15	D	"马虎"和"粗心"是同义词，男的说小张做事马虎，可以推断答案应该是小张做事粗心。	The word "马虎" has the same meaning as "粗心". The man says that Xiao Zhang is careless, so Xiao Zhang "做事粗心" should be the right answer.
16	C	女的说她的儿子李明明生病了，所以替他向老师请假。	The woman says that her son Li Mingming has fallen ill, so she is asking for leave for him.

17	A	女的说她游不动了，让男的游慢点等她，可以判断他们正在游泳。	The lady says that she can't swim and she asks the man to wait for her, which tells us that they are swimming.
18	A	男的问是不是在这儿坐车，女的让他去马路对面坐车，可以知道对话应该发生在公共汽车站附近。	The man is not sure whether he should take a bus here and the woman tells him to go across the street. We can infer that the conversation happens near the bus station.
19	B	女的说是她的妈妈教她学会了弹钢琴，可见她的妈妈会弹钢琴。	The girl says that her mother teaches her how to play the piano, which indicates that her mother can play the piano.
20	A	从"这场雨"、"晴天"、"雨会停"等词可以判断他们在讨论天气。	We can infer that they are talking about weather from the phrases "这场雨", "晴天" and "雨会停".
21	A	女的是王红的老师，她在学校等王红的爸爸来接王红。	The lady is Wanghong's teacher and she is waiting for Wanghong's father to pick up Wanghong.
22	C	小黄忘了今天是自己的生日，却收到了男的送的生日礼物，她应该很"吃惊"。	Xiao Huang has forgotten her birthday, but the man sends her a birthday present. We can infer that she will feel very "surprised"(吃惊).
23	D	女的说"九点出发就行，30 分钟肯定能到"，说明她们约了九点半和别人见面。	The woman advises that they set off at 9 o'clock because they can arrive there in 30 minutes, which tells us that they will meet their friends at half past nine.
24	B	"那还用说"表示男的同意把手机借给女的用。	The sentence "那还用说" means that the man will lend his cell phone to the lady.
25	C	"过"表示超过；"慢了 5 分钟"因此要加上 5 分钟，所以现在的时间是 3:10。	The word " 过 " means "pass"; the man says that his watch is five minutes slow, so we should add five minutes and the time now is 3:10.

第三部分

题号	答案	题解	Explanation
26	B	森林公园会举行音乐会，男的说"我们去听听吧"，说明他们周末最有可能去公园。	There will be a concert in the forest park and the man says that "我们去听听吧", so we can infer that they will go to the park on weekend.
27	C	蓝色毛巾 15 元一条，男的买了一条，需要付 15 块钱。	One blue towel is sold for 15 yuan. The man bought one blue towel, so he should pay 15 yuan.
28	B	"已经"表示事情、动作完成，"我来的时候她已经在这儿了"说明她来得比我早。	The words "已经" means "already"; the sentence "我来的时候她已经在这儿了" tells us that she came here earlier than me.
29	C	男的儿子在他开的饭馆儿里当服务员。	The man's son is working as a waiter in his restaurant, so we should choose the answer C.
30	D	"差得很远"表示相差很大，说明女的被广告骗了。	The sentence "差得很远" means that there are big differences between A and B, from which we can infer that the woman is fooled by the advertisement.
31	D	看到某人就"头疼"表示厌烦，不喜欢这个人。	If A says that he feels "头疼" when he meets B, it means that A dislikes B.
32	A	男的说"今天好多病人过来看病"，可以判断他是医生。	We can infer that the man is a doctor from the sentence "今天好多病人过来看病".
33	C	男的说他还想再看会儿电视，说明他刚刚在看电视。	The man says that he wants to watch more TV, which indicates that he was watching TV just now.
34	C	男的认为坐公交和地铁人大多，太热了，想打车过去。"打车"是指坐出租车。	The man wants to take a taxi because he thinks it will be very crowded and hot to take bus or subway.
35	A	"学一点是一点儿"是指做事情要慢慢来。	The sentence "学一点是一点儿" means we should do things patiently and slowly.

36	D	从"航班"、"飞机马上就要起飞了"等词可以知道说话人应该在飞机上。	We can infer that the speaker is on board from the word "航班" and the sentence "飞机马上就要起飞了".
37	B	该段第一句话说此次航班是从北京飞往昆明的，说明此次航班的目的地是昆明。	The flight is proceeding from Beijing to Kunming, which tells us the destination of the flight is Kunming.
38	B	说话人说见到刘伟时，"当时心情好激动"。	The speaker said that he was very excited(激动) when he met Liu Wei.
39	C	该段最后一句话"我连女朋友在哪里都不知道"说明说话人还没有结婚。	We can infer that the speaker is unmarried from the last sentence "我连女朋友在哪里都不知道".
40	C	该段第一句话说"人们常常认为长得漂亮的女生往往不够聪明"，说明人们对漂亮女生的印象是"不太聪明"。	The first sentence of the paragraph "人们常常认为长得漂亮的女生往往不够聪明" tells us that people think beautiful girls are not very clever in most instances.
41	A	说话者提到了"我们班"，并说"王丽丽是我们班班长"，说明她和王丽丽是同学关系。	"我们班" and "王丽丽是我们班班长" are mentioned in the paragraph, which tell us that Wang Lili is the speaker's classmate.
42	C	从该段第一句话"欢迎收听北京广播，现在是广告时间"可以判断这段话最应该出现在广播里。	The first sentence of the paragraph "欢迎收听北京广播，现在是广告时间" indicates that this advertisement should appear in the broadcast.
43	A	全段广告都在吸引家长来买房子，所以说话者最希望这段话被家长听到。	The advertisement is attracting the parents to buy their houses, so the speaker hopes that parents could notice their advertisement.
44	C	该段第二句话提到"我性格活泼，妹妹却很害羞"，说明妹妹性格很害羞。	We can infer that the speaker's sister is very shy from the sentence "我性格活泼，妹妹却很害羞".

45	C	从"我和亲妹妹只差两岁"，"妹妹今年 18 岁"可以判断说话者今年二十岁。	The sentences "我和亲妹妹只差两岁" and "妹妹今年 18 岁" indicate that the speaker is twenty years old.

②. 阅 读

第一部分

题号	答案	题解	Explanation
46	E	他工资不低，可是每个月不到月底就没钱了。	Even though his salary is pretty decent, he is always out of money by the end of the month.
47	A	这个国家的基础教育为小学六年和中学六年。	The basic education of this country includes six years in primary school and six years in middle school.
48	D	新来的老师在教学上遇到很多问题，但都一个一个解决了。	The new teacher met a lot of problems in teaching, but she solved them all one by one.
49	C	那个公司的工资高、环境好，因此很多人都想到那个公司工作。	That company pays a good salary and has good working environment, therefore lots of people want to work there.
50	B	使用新电脑之前，一定要把说明看清楚。	Read through the instructions before use the new computer.
51	D	好。一小时两块，超过半小时按一小时算。	OK. 2 yuan an hour, and if it's over half an hour, you have to pay the full hour.
52	F	所以车都开得很慢，就怕跟别的车撞上。	The bus is going so slowly for fear of colliding with other buses.

53	E	车坏了，要修一下。	The bus has broken down. It needs to be repaired.
54	B	不用，谢谢！刘先生，感谢你这段时间一直照顾我们。	No, thank you. Mr. Liu, thank you for taking care of us during our stay here.
55	C	她是去年来的校长啊，难道你不认识她？	She's our headmaster who came here last year; don't you know her?

第二部分

题号	答案	题　解	Explanation
56	CBA	我的弟弟正在准备大学入学考试，每天都有很多作业要做，连星期天也不例外。	My younger brother is preparing for the university entrance examination and has a pile of homework to do every day, even with no exception on Sundays.
57	ABC	无论老张怎么说，女儿都不听，他觉得他实在是没有办法了。	His daughter wouldn't listen to Lao Zhang, no matter how he tried. He felt completely helpless.
58	ABC	现在的电影太多了，我们俩都没主意了，不知道看哪个好了。	Now there are so many movies that we two find it difficult to decide which to watch.
59	BCA	中国各地的语言不同，如果没有普通话，人们很难互相交流。	The dialects vary in different places of China, so people are difficult to communicate without Mandarin.
60	CAB	我家孩子做事儿总是马马虎虎，上学不是忘了带作业，就是忘了带书本。	My child is very careless; he often forgets to bring his homework or books to school.
61	ABC	中国从南到北，从东到西，每个地方都有自己的特点。	From the south to the north, from the east to the west, every place in China has its own characteristics.

62	BCA	小杨任教的学校是当地最大的女子中学，大约有2 500多名学生，中文是学生的选修课，她教初一到高三的中文。	The school where Xiao Yang was teaching is the largest high school for girls in the locality, with around 2,500 students. Chinese is an elective course, and she taught students from Grade 7 to Grade 12.
63	ACB	孩子们学习中文，不仅仅是学习听说读写，还包括我们中国的文化、历史等等。	The children do not learn Chinese only by practicing listening, speaking, reading and writing, but also by understanding our cultures, histories etc.
64	CAB	每个人身上都有优点和缺点。见到别人的优点就应该学习；见到别人的缺点就应该看看自己身上有没有这样的缺点，有的话，就要改过来。	Everyone has their strengths and shortcomings. When we see other people's strengths, we should learn from them. When we see their shortcomings, we should ask ourselves whether we have the same problems, and if so, we should endeavor to eliminate them.
65	CBA	北京是中国的首都，是全国的文化中心，同时也是一座著名的历史、文化、旅游名城。	Beijing, the capital of China, is the national center of culture. It's also noted for the long history, splendid culture and flourishing tourism.

第三部分

题号	答案	题解	Explanation
66	B	"打算去北京好好玩玩"就是去北京旅游的意思。	"I plan to have fun in Beijing" means "I intend to pay a visit to Beijing".
67	A	最后一句话说节约用水是"为了保护环境"。	The last sentence tells us that the purpose of saving water is "to protect the environment".

68	D	全段介绍新电影《辛亥革命》，并且"将于今天晚上八点在本台开播，欢迎收看"一句说明本段是广告。	The whole paragraph introduces the new film *the Revolution of 1911* and the sentence "the film will be shown on our Channel at eight o'clock tonight" tells us that the paragraph is the content of an advertisement.
69	A	第一句话说饺子的历史很久。	The first sentence says that dumpling has a long history in China.
70	D	"如果打印 50 页以上，请用 1 号和 2 号打印机"说明如果打印 60 页最好去 2 号打印机。	The sentence "You need to use No. 1 and No. 2 printers if you want to print more than 50 copies" indicates that you'd better use No.2 printer since you will print 60 copies.
71	D	最后一句"选择合适的菜"说明为了健康，应该吃适合自己的菜。	The last sentence "choosing appropriate dishes" indicates that we should eat dishes which are appropriate to our health.
72	C	"考虑换别的工作"、"换工作以前"说明听话方想换工作。	The phrases "consider changing the job" and "before changing the job" indicate that the speaker wants to change his job.
73	A	第一句话说泰山是中国十大名山之一。	The first sentence tells us that the Taishan Mountain is one of the top ten famous mountains in China.
74	A	第一句说坐火车去可以"节约钱"。	The phrase "saving money" in the first sentence has the same meaning with the phrase "be economical".
75	A	"吃完饭以后他们还教我们骑马"说明我们在那里学习了骑马。	The sentence "they taught us how to ride a horse after dinner" indicates that we learned how to ride a horse there.

76	A	第一句告诉说他"晚上加班到很晚才回家"。	The first sentence tells us the man went home late.
77	C	第二句话中说"首先，房间很干净"。	The second sentence says that "the room is clean".
78	B	"看看有没有新邮件""看新闻"、"上网聊天"、"玩游戏"、"看电影"等词说明年轻人离不开电脑。	The phrases "to check if there are new emails", "reading news", "chatting online", "playing games" and "watching films" indicate that computers play an important role in young people's life.
79	C	最后一句话告诉我们"到讲汉语的地方生活一段时间"的目的是你会有一个好的语言学习环境。	The last sentence tells us the purpose of "living in the place where people speak Chinese for a while" is that you will have a better language studying environment.
80	B	第三句告诉我们早饭适合吃黄色的食物。	The third sentence tells us that we should eat food in yellow for breakfast.
81	C	第四句告诉我们绿色的食物与其他食物一起吃效果好。	The forth sentence tells us that we should eat green food together with other food.
82	C	第三句告诉我们彝族的妇女新年第一天可以休息。	The third sentence tells us that women of Yi minority group will have a rest on the New Year's Day.
83	D	全段主要讲少数民族怎么过春节。	The whole paragraph is mainly talking about how minority groups celebrate Chinese Spring Festival.
84	C	最后一句告诉我们孩子们最容易觉得快乐。	The last sentence tells us that children are the group which is the easiest to feel happy.
85	A	全段主要讲什么是真正的快乐。	The whole paragraph is mainly talking about what is true happiness.

3. 书写

第一部分（参考答案）

86. 小王在一家杂志社工作。

87. 晚上十二点他还在上网。

88. 你弟弟上几年级了？

89. 小孩子都怕打针。

90. 小张是去年秋天离开上海的。

91. 小猫喜欢吃鱼。

92. 书架上摆着很多词典。

93. 京剧受到了各国人民的喜爱。

94. 玛丽特别爱吃中国菜。

95. 他们搬到校外住去了。

第二部分（参考答案）

96. 他一直在咳嗽。

97. 这条马路很宽。

98. 他们在图书馆看书。

99. 祝你生日快乐！

100. 爸爸陪儿子一起玩儿雪。

新汉语水平考试
HSK（四级）

模拟试题六

注　意

一、HSK（四级）分三部分：

　　1.听力（45 题，约 30 分钟）

　　2.阅读（40 题，40 分钟）

　　3.书写（15 题，25 分钟）

二、听力结束后，有 5 分钟填写答题卡。

三、全部考试约 105 分钟（含考生填写个人信息时间 5 分钟）

一、听力

第一部分

⊙ **第 1~10 题：判断对错。**

例如： 我想去办个借书证，明天下午你有时间吗？陪我去一趟图书馆。

★ 他打算明天下午去图书馆。 （ ✓ ）

身高只有一米六，他是世界上最著名的矮个子篮球运动员。他曾经说过："篮球不只是让那些高个子打的，也是给那些喜欢它的人们打的。"

★ 他是个高个子的篮球运动员。 （ ✗ ）

1. ★ 那个地方的人很热情。 （ ）

2. ★ 篮球是美国人发明的。 （ ）

3. ★ 他迟到了。 （ ）

4. ★ 室内是否干净关系到我们的健康。 （ ）

5. ★ 他很喜欢西安。 （ ）

6. ★ 我上大学以前向父母借了钱。 （ ）

7. ★ 50% 的女性每天要花两个多小时的时间做饭。 （ ）

8. ★ 我对上海的咖啡馆印象最深。 （ ）

9. ★ 他已经可以回家了。 （ ）

10. ★ 我和小马都喜欢打乒乓球。 （ ）

第二部分

⊙ **第 11~25 题：**请选出正确答案。

例如： 女：来北京好多年了吧？你觉得北京和你的家乡在气候上
有什么区别？

男：夏天都差不多，只是冬天北京比较冷，而我的家乡更
暖和。

问：他们在谈什么？

A. 文化　　B. 风景　　C. 职业　　D. 气候 ✓

11. A. 很流行　　　B. 不好吃　　　C. 太咸了　　　D. 太贵了
12. A. 被拒绝　　　　　　　　　　B. 被批评
　　C. 被电影感动　　　　　　　D. 眼睛不舒服
13. A. 堵车了　　　B. 生病了　　　C. 手表坏了　　　D. 手表慢了
14. A. 宾馆　　　　B. 商店　　　　C. 公园　　　　　D. 学校
15. A. 公司　　　　B. 自己家　　　C. 小张家　　　　D. 饭馆儿
16. A. 警察　　　　B. 记者　　　　C. 律师　　　　　D. 学生
17. A. 他在学校教书　　　　　　　B. 孩子上学方便
　　C. 孩子喜欢学习　　　　　　　D. 孩子想换学校
18. A. 为了省钱　　B. 为了省事　　C. 发工资了　　　D. 没时间做饭
19. A. 很骄傲　　　B. 很害羞　　　C. 爱迟到　　　　D. 很节约
20. A. 惊讶　　　　B. 失望　　　　C. 紧张　　　　　D. 得意
21. A. 英语专业毕业　　　　　　　B. 没有学过英语
　　C. 和男的是同学　　　　　　　D. 在国外留过学
22. A. 结婚了　　　　　　　　　　B. 当妈妈了
　　C. 还没结婚　　　　　　　　　D. 有男朋友
23. A. 夫妻　　　　　　　　　　　B. 邻居
　　C. 妈妈和儿子　　　　　　　　D. 姐姐和弟弟

24. A. 加油站　　　B. 图书馆　　　C. 电影院　　　D. 公汽站
25. A. 更冷　　　　B. 更干　　　　C. 更温暖　　　D. 更湿润

第三部分

⊙ **第 26~45 题**：请选出正确答案。

例如：男：小姐，您好，这是您的房卡。

女：谢谢！你们的餐厅在哪儿？

男：从这儿往前走，左边就是。

女：好，谢谢！

问：男的最可能是做什么的？

A. 演员　　B. 记者　　C. 售货员　　D. 服务员 ✓

26. A. 生病了　　　B. 忘记了　　　C. 表丢了　　　D. 请假了
27. A. 办公室　　　B. 老杨家　　　C. 老杨朋友家　　D. 老杨邻居家
28. A. 顾客　　　　B. 服务员　　　C. 理发师　　　D. 售货员
29. A. 两块钱　　　B. 五块钱　　　C. 七块钱　　　D. 九块钱
30. A. 不会开车　　　　　　　　　B. 走路上班
　　C. 把车卖了　　　　　　　　　D. 开车回家
31. A. 工资高　　　　　　　　　　B. 环境好
　　C. 工作轻松　　　　　　　　　D. 自己的时间多
32. A. 果汁　　　　B. 饼干　　　　C. 咖啡　　　　D. 蛋糕
33. A. 提醒自己　　　　　　　　　B. 不要迟到
　　C. 注意安全　　　　　　　　　D. 别忘带行李
34. A. 出差　　　　B. 回家　　　　C. 打电话　　　D. 写报告
35. A. 不想见老师　　　　　　　　B. 不用您提醒
　　C. 老师没我大　　　　　　　　D. 我不会紧张
36. A. 八点半　　　B. 九点　　　　C. 九点半　　　D. 十点

37. A. 走路   B. 打车   C. 坐公共汽车   D. 坐公司的车

38. A. 超市   B. 饭馆   C. 山东   D 北京

39. A. 做饭   B. 打水   C. 换被子   D. 换毛巾

40. A. 老师   B. 家长   C. 学生   D. 音乐家

41. A. 成绩很好   B. 喜欢唱歌   C. 讨厌艺术   D. 特别骄傲

42. A. 成绩   B. 身高   C. 睡眠   D. 健康

43. A. 0.5 小时   B. 1 小时   C. 2 小时   D. 3 小时

44. A. 早上   B. 中午   C. 下午   D. 晚上

45. A. 轻松   B. 得意   C. 后悔   D. 难受

二、阅读

第一部分

⊙ 第 46~50 题：选词填空。

A. 失败   B. 代替   C. 接受   D. 增加   E. 组成   F. 尊重

例如：同事间当然应该互相信任、互相支持、互相（ F ）。

46. 为了安全，所以乘客进入飞机场以前都得（   ）检查。

47. 那次（   ）使她决定结束她在广州的工作。

48. 为解答同学们的问题，张老师在考试前（   ）了一次复习课。

49. 学校教育一般由三个部分（   ）：小学、中学和大学。

50. 他（   ）他哥哥当售货员。

⊙ 第 51~55 题：选词填空。

A. 生活   B. 表扬   C. 解释   D. 密码   E. 服务   F. 尤其

例如：A. 你认识小张吗？

　　　　B. 小张是我最好的朋友，他常常在（ A ）上帮助我。

51. A：你为什么不跟他们（　　）一下？

　　B：他们说个不停，我根本没有机会说话。

52. A：我用信用卡给钱。

　　B：好，请输入（　　）。

53. A：您好！ 18 号为您（　　）。

　　B：我是 2135 房间的客人，请明天早上 6 点叫醒我，谢谢！

54. A：你喜欢什么水果？

　　B：我喜欢各种各样的水果，（　　）是葡萄。

55. A：孩子今天怎么这么高兴？

　　B：老师（　　）他了。

第二部分

⊙ 第 56~65 题，排列顺序。

例如：A. 然而在红海里

　　　　B. 不会游泳的人最怕掉进水里

　　　　C. 人可以躺在水面上不会沉下去　　　　　B A C

56. A. 并进一步了解发展变化中的中国

　　B. 这个比赛为各国来华学习的留学生提供互相交流汉语学习经验的机会

　　C. 让更多的外国人找到汉语学习的方法　　_____

57. A. 来你这儿以前

　　B. 妈妈给我打了个电话

C. 让我晚上回去一下 　　　　＿＿＿＿＿＿＿

58. A. 进一步了解了中国五千年的文化

　　B. 也认识了来自世界各地的朋友

　　C. 选手们都认为比赛提高了自己的汉语水平 　　＿＿＿＿＿＿＿

59. A. 两手相交表示握手，两手一握就产生了友谊

　　B. 我最喜欢的汉字是"朋友"的"友"

　　C. 汉字的"友"就像两只手 　　＿＿＿＿＿＿＿

60. A. 但是在同一时间和来自不同国家的人说中文

　　B. 这是从来没有过的经历

　　C. 他在美国时总是和美国人、中国人说中文 　　＿＿＿＿＿＿＿

61. A. 我是从非常基础的工作做起

　　B. 一步一步上来的

　　C. 所以，每一段经历都很有意义 　　＿＿＿＿＿＿＿

62. A. 教室坐得满满的，去晚了就只能站着听

　　B. 他在大学讲课的时候

　　C. 很多人跑去听课 　　＿＿＿＿＿＿＿

63. A. 中华文化有几千年没有中断

　　B. 但用到现代生活中，也有需要改进的地方

　　C. 一定说明我们的文化有好的方面 　　＿＿＿＿＿＿＿

64. A. 我先给学生介绍书法的来历，打算引起他们的兴趣

　　B. 果然一提到学写毛笔字，学生们就非常兴奋

　　C. 上课一开始 　　＿＿＿＿＿＿＿

65. A. 所以他们的国画也很好

　　B. 加上孩子们丰富的想象力

　　C. 因为有了使用毛笔的基础 　　＿＿＿＿＿＿＿

第三部分

⊙ **第 66~85 题：请选出正确答案。**

例如： 在中国生活的三年使他在音乐方面有了很多新的想法，他把京剧的一些特点增加到自己的音乐中，取得了很好的效果。

★根据这段话，可以知道他：

A. 很热情　　　　　B. 会唱京剧

C. 受到京剧影响 ✔　　D. 离开中国三年了

66. 我家邻居昨天给我们送来了她自己做的面包，虽然看起来不太好看，但是味道挺好的。

★邻居送来的面包：

A. 很漂亮　　　B. 很新鲜　　　C. 很干净　　　D. 很好吃

67. 姐姐刚才打电话给我，说她现在很无聊，想叫我一起出去玩，可是我作业还没有做完。

★ 根据这句话，可以知道：

A. 我很无聊　　　　　　B. 姐姐很开心

C. 我不能出去玩　　　　D. 姐姐没有时间

68. 上星期的考试有一个题太难了，我想了很久都没有想到答案，就随便写了一个。

★根据这句话，可以知道：

A. 考试不难　　　　　　B. 我写得很好

C. 我想到了答案　　　　D. 有个题我不会

69. 最近经济不好，工资一直没有增加，周末都不敢出去购物，只好在家里打游戏、自己做饭。

★我为什么周末在家里？

A. 没有工作　　　　　　B. 东西太贵

C. 我想省钱　　　　　　　　D. 我喜欢打游戏

70. 小丽去大使馆办签证的时候把护照忘在那里了，但是今天下午办银行卡必须要用，所以不得不打车过去拿。

★小丽为什么又要去大使馆？

A. 办卡　　　　B. 办护照　　　　C. 取护照　　　　D. 办签证

71. 香山是北京著名的森林公园，这里的红叶很有名，每到秋天，树叶都红了，吸引很多人前来参观。每年 10 月、11 月是去香山看红叶的最好季节。

★香山：

A. 不是很高　　B. 是植物园　　C. 春天人多　　D. 红叶很有名

72. 北京的冬天温度比较低，风很大，寒假如果来这里玩的话，一定要多带一些厚衣服，否则很容易感冒。

★北京的冬天：

A. 风不大　　　　　　　　　B. 寒假很长

C. 天气很冷　　　　　　　　D. 人们经常感冒

73. 今天的翻译非常成功，我代表大会组织方感谢你。24 小时后我们会按照规定把钱打到你的卡上，麻烦你下午五点以前把这份表格填好后传真给我们。

★翻译的人什么时候能拿到工资？

A. 昨天　　　　B. 今天　　　　C. 明天　　　　D. 下午五点

74. 虽然旅游有时会很累，但它不仅能让我们看到美丽的自然风景，而且能学到许多科学和文化知识，丰富的旅游经历还让我们有机会认识更多朋友，听听别人的故事，了解他们的精彩生活。

★下面哪一个不是旅游的好处？

A. 增加知识　　B. 认识朋友　　C. 锻炼身体　　D. 了解生活

75. 商店通过打折降低价格来吸引顾客，增加人们购物的兴趣，很多本来没有打算买的人因此改变了计划。

★顾客为什么改变计划？

A. 商店很友好　　　　　　B. 东西很有趣

C. 原来的计划不好　　　　D. 东西比较便宜

76. 艺术是一把钥匙，可以影响一个人的心情，甚至改变一个人的性格。它没有严格的标准，却能对社会产生重要的影响。

★ 艺术一定可以：

A. 让人快乐　　B. 表达心情　　C. 影响社会　　D. 改变性格

77. 地球上现在大约有 200 多个国家，70 亿人口；而在 1804 年，世界人口只有 10 亿。

★ 现在地球上的人比 1804 年多了：

A. 六倍　　　　B. 七倍　　　　C. 百分之七十　　D. 七分之一

78. 我喜欢住在农村，这里空气很新鲜，环境也比较安静。早上醒来，推开窗，就能看到很多植物，绿色的叶子，各种颜色的花，红的，蓝的，黄的……树上的鸟儿在唱歌，非常好听。

★ 我喜欢住在农村的原因：

A. 市场很大　　B. 交通方便　　C. 商店很多　　D. 环境很好

79. 现代人由于吃了很多垃圾食品，例如饼干、巧克力、饮料等等，所以很容易变胖。吃的时候很愉快，减肥的时候却很难过。

★ 现代人为什么容易胖？

A. 工作轻松　　　　　　　B. 饼干营养高

C. 吃垃圾食品　　　　　　D. 吃得又多又快

80~81.

王强已经三十岁了，他研究生读的是国际经济，博士学的是法律专业。毕业以后，他当了律师。他的女朋友比他小三岁，是留学生，学习中文已经有四年了。她的普通话很流利，现在是学校广播台的记者，每天告诉大家今天最重要的新闻。他们想结婚，可是没有钱买房子，心里很着急。

★ 他们为什么很着急？

A. 没毕业　　B. 没时间　　C. 没房子　　D. 没新闻

★根据这段话，可以知道王强的：

A. 女朋友是博士 　　　　　B. 女朋友二十七岁了

C. 女朋友学习法律 　　　　D. 普通话说得很流利

82~83.

真正的浪漫不是说出来的，而是做出来的。每天对他（她）说"你很漂亮"、"你好聪明"、"我很爱你"，却不尊重他（她）的想法，不考虑他（她）的感觉，不关心他（她）的心情，并不能算浪漫。真正浪漫的爱情是精神上的互相理解，生活上的互相关心，鼓励对方坚持自己的理想，并且帮助他（她）变得更好。

★真正的浪漫是：

A. 说出来的 　　　　　　　B. 做出来的

C. 写出来的 　　　　　　　D. 看出来的

★下列哪项不是真正的浪漫？

A. 说对方很漂亮 　　　　　B. 关心对方的心情

C. 尊重对方的想法 　　　　D. 帮助对方变得更好

84~85.

约翰刚来中国公司工作。有一次，办公室经理让他帮忙打热水，等了很久他都没有回来。经理觉得很奇怪，就去水房看看发生了什么事儿。他看到约翰用手在冷水的下面来回打，就问："你在干什么？"约翰说："热水太烫，我不敢打，只好打冷水。"经理和其它同事都笑了，告诉他"打"字在汉语里有很多意思，"打水"就是"接水"或者"取水"的意思，不是真的用手打。

★经理觉得奇怪，是因为约翰：

A. 没去打水 　　　　　　　B. 刚来中国

C. 不会打水 　　　　　　　D. 去了很长时间

★经理和同事笑约翰，是因为他：

A. 不敢打水 　　　　　　　B. 不在水房

C. 不会接水 　　　　　　　D. 误会了"打水"的意思

三、书写

第一部分

⊙ **第 86~95 题：完成句子。**

例如： 吃 得 不太好 对身体 太饱

吃得太饱对身体不太好。

86. 一个星期 出差 公司 他 通知

_____

87. 放寒假 咱们 一 就 出发 吧

_____

88. 不错 饭馆的菜 味道 这家

_____

89. 申请 的 什么样 签证 你

_____

90. 的 请 密码 输入 您

_____

91. 西边 就是 我们的 教室 图书馆的

_____

92. 北京 季节 秋天 是 最美的

_____

93. 介绍 自己 一下 请 你们

94. 把　镜子　打破了　刚才　不小心

_____

95. 一名　他　是　留学生　也

_____

第二部分

⊙ 第 96~100 题：看图，用词造句。

例如：

人民币
我想换一些人民币。

96.

成功

_____

97.

声音

_____

98.

赢

_____

99.

选择

_____

100.

颜色

_____

听力材料

（音乐，30秒，渐弱）

大家好！欢迎参加HSK（四级）考试。

大家好！欢迎参加HSK（四级）考试。

大家好！欢迎参加HSK（四级）考试。

HSK（四级）听力考试分三部分，共 45 题。

请大家注意，听力考试现在开始。

第一部分

⊙ 一共 10 个题，每题听一次。

例如：我想去办个借书证，明天下午你有时间吗？陪我去一趟图书馆。

★ 他打算明天下午去图书馆。

身高只有一米六，他是世界上最著名的矮个子篮球运动员。他曾经说过："篮球不只是让那些高个子打的，也是给那些喜欢它的人们打的。"

★ 他是个高个子的篮球运动员。

现在开始第 1 题：

1. 那个地方的人虽然很少，但是都很热情。我早上散步的时候，会碰见一些跑步的人，他们几乎都会跟我打招呼。

   ★ 那个地方的人很热情。

2. 听说篮球是加拿大人发明的。但是他发明篮球的时候，正在美国留学。他发明篮球是为了完成体育课的作业。

   ★ 篮球是美国人发明的。

3. 对不起，让你久等了。我昨天晚上跟几个朋友玩儿到十二点多，早上起得晚了，所以就来晚了。

   ★ 他迟到了。

4. 我们有 90% 的时间在室内生活，在所居住的屋内保持干净和卫生，让办公室尽量保持整洁，对我们的心肺健康很重要。

★室内是否干净关系到我们的健康。

5. 说实话，我很喜欢西安，因为我觉得那儿是真正的中国。如果你想了解中国的历史，那么你一定要去这个地方。

★他很喜欢西安。

6. 我现在已经找父母借了五千多块钱，等我大学毕业找到工作以后，我会很快还给他们的。

★我上大学以前向父母借了钱。

7. 调查发现，14%的男性从来不花时间做饭，相比之下，半数女性每天花在厨房里的时间在两小时以上。

★ 50%的女性每天要花两个多小时的时间做饭。

8. 到上海一个月了，我去逛了很多地方：商店、公园、博物馆。我印象最深的是上海书城。我第一次见到那么大的书店，那么多人在买书。

★ 我对上海的咖啡馆印象最深。

9. 根据检查结果，他的病好多了。医生说大概再过一个星期他就可以回家了。

★ 他已经可以回家了。

10. 有时候我请小马跟我一起去打乒乓球，他却老是说乒乓球没意思，我喜欢的运动他不喜欢。

★我和小马都喜欢打乒乓球。

第二部分

⊙一共 15 个题，每题听一次。

例如：女：来北京好多年了吧？你觉得北京和你的家乡在气候上有什么区别？

男：夏天都差不多，只是冬天北京比较冷，而我的家乡更暖和。

问：他们在谈什么？

现在开始第 11 题：

11. 女：小李，那家饭馆儿广东菜的味道还行吧？

男：别提了，广告上说得特好，可就是不好吃。

问：男的认为那家饭馆儿的广东菜怎么样？

12. 男：小王怎么哭了，是遇到什么伤心事儿了吗？

女：她正在看电影呢，估计是被电影中的故事感动得流泪了吧。

问：小王流泪的原因最可能是什么？

13. 女：天哪！你总算到了！是不是路上堵车了？

男：没堵车，是我的手表不知道为什么，慢了半个小时。

问：男的为什么会迟到？

14. 男：这件漂亮吧，您看，它穿在您身上真是太好看了。

女：漂亮是漂亮，可价钱也太贵了，你要是再便宜一点儿我就买了。

问：他们最可能在哪儿？

15. 女：我可能回来得晚，你先吃吧。

男：正好小张请客，等你回来我们一起去他家吃吧。

问：女的晚上可能去哪里吃饭？

16. 男：听说大三是大学生活中最忙的一年？

女：是啊。我今年大三，除了上课之外，还要参加各种考试。

问：女的可能是做什么的？

17. 女：你孩子上学方便吗？

男：还行，我家附近有三所小学。

问：男的主要是什么意思？

18. 男：你干嘛一下子买这么多饼干啊？

女：省得天天去超市呀。

问：女的为什么买很多饼干？

19. 女：小黄这人也真是的，说好了九点在这儿见的嘛。

男：是啊，每次都这样，也不打个电话。

问：通过对话，可以知道小黄这个人怎么样？

20. 男：你心里有什么不高兴的事儿，就说出来吧。

女：我数学考试又没通过，我可是认真复习了一个月呀。

问：通过对话，可以知道女的心情怎样？

21. 女：你是英语专业毕业的，英语应该比小王好吧？

男：哪儿啊，人家小王可是在英国读的大学呢。

问：关于小王，可以知道什么？

22. 男：今天我看到王丽了，但好久才认出她来。

女：她结婚以后变得漂亮多了，我上次看到她也差点儿没认出来。

问：关于王丽，可以知道什么？

23. 女：冰箱里的蛋糕你和妹妹一人一块，不能多拿。

男：我知道啦，妈妈。

问：说话的两个人最有可能是什么关系？

24. 男：从这儿一直往前走，穿过一条马路，就能看到图书馆。

女：太谢谢您了，我找了半天都没找到呢。

问：女的最有可能要去哪里？

25. 女：你不用带这么多衣服，广州冬天比上海暖和多了。

男：我担心广州会下雨，还是多带点儿吧。

问：和上海比，广州冬天天气怎样？

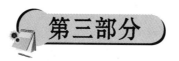

第三部分

⊙ 一共 20 个题，每题听一次。

例如：男：小姐，您好，这是您的房卡。

女：谢谢！你们的餐厅在哪儿？

男：从这儿往前走，左边就是。

女：好，谢谢！

问：男的最可能是做什么的？

现在开始第 26 题：

26. 男：小刘，你下班前把报名表交到我办公室来吧。

女：老板，要交什么报名表呀？

男：昨天开会的时候通知填写的报名表啊，你怎么不知道呢？

女：昨天我请假了，所以报名的事儿我一点儿也不知道。

男：那你明天再交过来吧。

问：女的为什么不知道要交报名表？

27. 女：您好，我想找一下老杨。

男：不好意思，杨教授正在开会，现在不方便接电话。

女：老杨在开会？那麻烦您告诉他，让他开完会之后给家里回个电话。

男：好的，没问题。

问：电话最有可能是从哪儿打过来的？

28. 男：好久没见您过来啦！

女：最近工作比较忙，没时间过来。

男：您这回想把头发理成什么样呀？

女：和上次一样，别太短就行。

男：好。您先去洗一下吧。

问：男的可能是做什么的？

29. 女：老板，你这儿有西红柿和鸡蛋卖吗？

男：有啊，才送过来的，特别新鲜。

女：怎么卖啊？

男：西红柿两块钱一斤，鸡蛋五块钱一斤。

女：那我各来一斤吧。

问：女的一共花了多少钱？

30. 男：今天怎么没开车过来啊？

女：我已经两年没开车了。

男：你把车卖啦？

女：没有，我想多走走路锻炼身体，我现在每天都走路上下班。

问：关于女的，可以知道什么？

31. 女：听说你放弃了经理的工作？

男：没错，很久之前就不干了。

女：你为什么选择来当老师呢？当经理工资又高，环境又好。

男：我之所以选择当老师，是因为我想有更多自己的时间。

问：根据对话，男的为什么选择当老师？

32. 男：奇怪，这咖啡怎么这么苦呢？你放糖了吗？

女：放了啊！你拿的是哪一杯？

男：红色的那杯。

女：你拿的是我的，我的没有放糖，你的在那儿呢。

问：他们在讨论什么？

33. 女：张松，你最近在北京吗？

男：一直都在啊，怎么了？

女：我下周二到北京，你到时能来机场接我吗？

男：行啊。你最好到那天再给我打个电话，我担心我一忙起来
就给忘了。

问：男的要女的下周二做什么？

34. 男：你这是去哪儿呀？

女：我去找张总，把写好的报告交给他。

男：你还是先给他打个电话吧，我昨天去找他的时候他出差了。

女：好的，谢谢你。

问：女的最有可能要做什么？

35. 女：爸爸，我现在去李老师家啦。

男：你带上作业了吗？

女：带了。

男：见了老师可要有礼貌啊！

女：爸，看您说的，我都这么大了！

问：女的主要是什么意思？

第 36 到 37 题是根据下面一段话：

去故宫玩儿的同事，请明天早上九点到公司门口集合。我们九点半出发，一共是 20 名同事。公司会安排车送大家到故宫。现在还有人要报名吗？

36. 说话者要求大家几点集合？

37. 大家怎么去故宫？

第 38 到 39 题是根据下面一段话：

我叫小青，老家在山东，我来北京已经有三年了。来到北京以后，我找到的第一份工作是在一家宾馆当服务员，这也是我现在的工作。我每天需要打水，给客人整理房间、换被子、换毛巾等。

38. 小青现在在哪里工作？

39. 小青每天的工作不包括什么？

第 40 到 41 题是根据下面一段话：

我有一个女儿、一个儿子。大女儿的学习成绩很好，每次考试基本都是全班第一。小儿子虽然成绩不好，但他在艺术方面表现得很优秀，特别是唱歌。家里有这样两个孩子让我感到很骄傲。

40. 说话人最可能是谁？

41. 关于说话人的儿子，可以知道什么？

第 42 到 43 题是根据下面一段话：

科学研究发现，看电视的时间长短会影响儿童的学习成绩。研究结果指出，当儿童 29 个月大时，平均一周看电视 8.82 小时，每天看电视约 1 小时。每周多看一小时电视，数学成绩下降 6%，英语成绩下降 13%。

42. 这段话主要讲看电视对儿童哪个方面的影响？

43. 29 个月大的儿童每天看电视约多少小时？

第 44 到 45 题是根据下面一段话：

　　今天是母亲节，人们都想买花儿送给自己的母亲，所以于老板花店的生意特别好。于老板的花早上卖 8 块一朵，中午就卖到 10 块了。晚上关门的时候，花已经卖完了，这时于老板才想起来忘了给自己的母亲留一朵花。

44. 于老板的花什么时候卖到了 10 块一朵？

45. 晚上关门的时候，于老板心情怎样？

听力考试现在结束。

参考答案及题解（六）
（中英文）

1. 听力

第一部分

题号	答案	题解	Explanation
1	✓	那个地方的人虽然很少，但是都很热情。我早上散步的时候，会碰见一些跑步的人，他们几乎都会跟我打招呼。	Although there are very few people in that place, they are all very warm-hearted and friendly. When I run into some joggers during my morning walks, almost all of them will say "hi" to me.
2	✗	听说篮球是加拿大人发明的。但是他发明篮球的时候，正在美国留学。他发明篮球是为了完成体育课的作业。	It is said that basketball was invented by a Canadian. However, he was studying in the United States when he invented basketball. It was for the sake of completing an assignment of his physical education course that he invented the game of basketball.
3	✓	对不起，让你久等了。我昨天晚上跟几个朋友玩儿到十二点多，早上起得晚了，所以就来晚了。	I'm sorry to have kept you waiting for so long. I hung out with some friends last night until after midnight. This morning, I got up late, so I'm late.
4	✓	我们有 90% 的时间在室内生活，所以室内是否干净关系到我们的健康。	We spend 90 percent of our time inside, so the level of indoor pollution concerns our healthy.

5	✓	说实话，我很喜欢西安，因为我觉得那儿是真正的中国。如果你像了解中国的历史，那么你一定要去西安。	To be honest, I like Xi'an very much, because I believe that's where the "genuine" China is. If you want to understand Chinese history, you must go to Xi'an.
6	✗	我现在已经找父母借了五千多块钱，等我大学毕业找到工作以后，我会很快还给他们的。	I have already borrowed over five thousand dollars from my parents. After I graduate from university and find a job, I will quickly pay them back.
7	✓	调查发现，14% 的男性从来不花时间做饭，相比之下，半数女性每天花在厨房里的时间在两小时以上。	The survey found that 14 percent of men admitted to spending no time cooking, on the contrary, half of women spend more than two hours in the kitchen.
8	✗	到上海一个月了，我去逛了很多地方：商店、公园、咖啡馆。我印象最深的是上海书城。我第一次见到那么大的书店，那么多人在买书。	I have been in Shanghai for one month. I have strolled through many places, like stores, parks, and cafes. Shanghai Book City gives me the deepest impression. It was the first time I had ever seen a bookstore that big with many people buying books.
9	✗	根据检查结果，他的病好多了。医生说大概再过一个星期他就可以回家了。	According to the examination, he is much better. The doctor said he could go home one week later.
10	✗	有时候我请小马跟我一起去打乒乓球，他却老是说乒乓球没意思，我喜欢的运动他不喜欢。	Sometimes when I ask him to play pingpong with me, he would always say it's boring. He doesn't like the kind of sports I like.

第二部分

题号	答案	题解	Explanation
11	B	男的说广东菜没有广告上说的那么好吃，说明他认为广东菜不好吃。	The man says that the Guangdong Dish is not as tasty as it is advertised. That means he thinks the Guangdong Dish doesn't taste delicious.
12	C	女的说小王是因为被电影中的故事感动才哭了。	The lady says that Xiao Wang is crying because she is moved by the story in the film which she is watching.
13	D	男的是因为手表慢了，所以迟到了。	The man is late because his watch runs slow.
14	B	男的和女的在讨论衣服的价格，可以判断对话可能发生在卖衣服的商店。	The man and the woman are bargaining over the price, which tells us that the conversation happens in the clothing store.
15	C	男的说"等你回来我们一起去他家吃吧"是指他会等女的回来，然后一起去小张家吃饭。	The man says that he will wait for the woman at home and they are going to Xiao Zhang's home for dinner tonight.
16	D	从"大三"、"大学生活"、"上课"和"考试"等词可以判断女的应该是学生。	We can infer that the woman is a student from the words "大三"，"大学生活"，"上课" and "考试".
17	B	"还行"表示肯定。男的说他家附近有三所小学，可以判断他的孩子上学很方便。	The phrase "还行" means "Yes". The man says that there are three primary schools near his home, so we can infer that it is very convenient for his son to attend school.
18	B	"省得"是方便、节约时间的意思。女的说"省得天天去超市"，说明她想省事。	The word "省得" has the same meaning with "convenient" or "time-saving". The woman says that she buys a lot of biscuits at one time because she wants to save time.
19	C	本来约了九点见面，小黄却迟迟不来,而且"每次都这样"，可以判断小黄"爱迟到"。	They have an appointment at nine, but Xiao Huang is late and she is always late for appointments.

20	B	女的认真复习了一个月，却没有通过考试，心情应该很"失望"。	Although the woman has carefully reviewed the lessons for a month, she doesn't pass the exam. We can infer that she should be depressed.
21	D	男的说小王是"在英国读的大学"，所以小王留过学。	The man said that Xiao Wang had his college in England, so he had studied abroad.
22	A	女的说王丽"结婚以后变得漂亮多了"，可以判断王丽已经结婚了。	The lady said that Wang Li became more beautiful after she got married.
23	C	因为男的叫女的"妈妈"，所以他们应该是妈妈和儿子的关系。	The man calls the woman "mother", which tells us that they are mother and son.
24	B	女的说自己"找了半天都没找到"，谢谢男的告诉怎么去图书馆，可以判断女的最有可能要去图书馆。	The lady thanks the man because he tells her how to go to the library, which indicates that the lady is going to the library.
25	C	女的说"广州冬天比上海暖和多了"。	The woman says "the winter in Guangzhou is warmer than it in Shanghai".
26	D	女的昨天请假了，所以报名的事儿她一点儿也不知道。	The woman took a leave, so she knows nothing about registration.
27	B	女的让男的告诉杨教授"开完会之后给家里回个电话"，所以电话应该是从老杨家打来的。	The woman asks the man to tell Professor Yang to call home after meeting, which indicates that the phone call is made from Lao Yang's home.
28	C	从"头发"、"别太短"、"洗一下"等词可以推断男的可能是理发师。	We can infer that the man is a barber from the phrases "头发", "别太短" and "洗一下".
29	C	西红柿两块钱一斤，鸡蛋五块钱一斤，女的各买一斤，一共花七块钱。	The tomato is sold for two yuan a catty and the egg is sold for five yuan a catty. The woman buys one catty of tomato and one catty of egg, so she should pay seven yuan in total.

30	B	女的为了锻炼身体，放弃开车，坚持每天都走路上下班。	The woman gives up driving and insists on walking to work in order to do physical exercise.
31	D	"之所以……是因为……"表示因果关系。男的想有更多自己的时间才选择当老师。	The conjunction word "之所以……是因为……" expresses a cause-effect relationship. The man chooses to be a teacher because he wants to have more time of his own.
32	C	男的把别人的没有放糖的咖啡当成自己的了。全段对话都在讨论咖啡。	The man took the lady's coffee without sugar for mistake. The whole paragraph is talking about coffee.
33	A	男的担心自己会忘记去机场接女的，所以让女的在到北京之前提醒他。	The man is worried that he'll forget to pick up the woman at the airport, so he tells the woman to remind him before she arrives Beijing.
34	C	男的昨天去找张总的时候张总出差了，他建议女的在见张总之前先打个电话。所以女的可能会先打电话。	President Zhang was on a business trip when the man wanted to meet him yesterday. The man advises the woman to call president Zhang before she visits him.
35	B	"看您说的"带有不满的意思，女的认为不用爸爸提醒自己也会有礼貌。	The girl thinks that she will be polite to her teacher even if his father hasn't reminded her.
36	B	该段第一句话"请明天早上九点到公司门口集合"提示了答案。	The first sentence of the paragraph "请明天早上九点到公司门口集合 (gather)" implies the answer.
37	D	公司会安排车送大家去故宫，所以大家会坐公司的车去。	The company has arranged a car to deliver the staffs to the Imperial Palace.
38	D	小青的老家在山东，现在在北京的一家宾馆工作。	Xiao Qing's native home is Shandong and she is working in a hotel in Beijing now.
39	A	小青每天的工作包括打水、整理房间、换被子、换毛巾等,不包括做饭。	Xiao Qing's daily work includes sending water, cleaning up the room, changing the quilt and the towel, so cooking is not included.

40	B	说话人说自己有一个女儿、一个儿子，并介绍了女儿和儿子的情况，他应该是一位家长。	The speaker has a daughter and a son, and she is introducing them now, so we can infer that the speaker is a parent.
41	B	该段三句话说小儿子在唱歌方面的表现很优秀，但是成绩不好，可以推断说话人的儿子喜欢唱歌。	The third sentence of the paragraph says that the son does poorly in study, but he does well in singing. As a result, we can know that the son of the speaker loves singing.
42	A	该段第一句话"看电视的时间长短会影响儿童的学习成绩"提示了答案。	The first sentence of the paragraph "看电视的时间长短会影响儿童的学习成绩（academic records）" implies the answer.
43	B	该段第二句话提到29个月大的儿童每天看电视约1个小时。	The second sentence of the paragraph tells us that 29-month-old children watch TV for nearly an hour every day.
44	B	于老板的花中午就卖到10块钱一朵了。	One flower in boss Yu's flower shop is sold at 10 yuan at noon.
45	C	本来应该在母亲节送母亲花，可以于老板的花已经卖完了，他应该很"后悔"。	Boss Yu wants to send his mother some flowers on Mother's day, but the flower in his shop has sold out. We can infer that he should feel very regretful.

2. 阅 读

第一部分

题号	答案	题解	Explanation
46	C	为了安全，所以乘客进入飞机场以前都得接受检查。	For security reasons, passengers should be searched before they enter into the airport.
47	A	那次失败使她决定结束她在广州的工作。	That defeat made her decide to end her job in Guangzhou.
48	D	为了解答同学们的问题，张老师在考试前增加了一次复习课。	To answer students' questions, Mr. Zhang added a review class before the exam.

49	E	学校教育一般由三个部分组成：小学、中学和大学。	Formal school education usually consists of three parts: primary school, middle school and university.
50	B	他代替他哥哥当售货员。	He replaced his brother as a salesman.
51	C	你为什么不跟他们解释一下？	Why don't you explain to them?
52	D	好，请输入密码。	That's fine. Enter your password, please.
53	E	您好！18号为您服务。	Hello. This is No.18. What can I do for you?
54	F	我喜欢各种各样的水果，尤其是葡萄。	I like various kinds of fruit, especially grapes.
55	B	老师表扬他了。	The teacher has praised him.

第二部分

题号	答案	题解	Explanation
56	BCA	这个比赛为各国来华学习的留学生提供互相交流汉语学习经验的机会，让更多的外国人找到汉语学习的方法，并进一步了解发展变化中的中国。	The competition provides a chance for foreign students from different countries to exchange Chinese-learning experience, so they can find a better learning method, and further understand the changing China.
57	ABC	来你这儿以前，妈妈给我打了个电话，让我晚上回去一下。	Before came here, I got a call from mum, telling me to go home tonight.
58	CAB	选手们都认为比赛提高了自己的汉语水平，进一步了解了中国五千年的文化，也认识了来自世界各地的朋友。	The competitors said that through the competition, their Chinese levels improved, their understanding of Chinese culture deepened and they also made more friends from all over the world.

59	BCA	我最喜欢的汉字是"朋友"的"友"，汉字的"友"就像两只手，两手相交表示握手，两手一握就产生了友谊。	My favorite Chinese character is "友".. It looks like two hands reaching out. The two crossing strokes represent shaking hands: you make a friend after shaking hands with him or her.
60	CAB	他在美国时总是和美国人、中国人说中文，但是在同一时间和来自不同国家的人说中文，这是从来没有过的经历。	In America, he always spoke Chinese with American and Chinese. Now he can speak Chinese with people from different countries. This is something he had never experienced before.
61	ABC	我是从非常基础的工作做起，一步一步上来的，所以，每一段经历都很有意义。	I started out doing the most basic work, and then went step by step. So every step of the way has been very meaningful to me.
62	BCA	他在大学讲课的时候，很多人跑去听课，教室坐得满满的，去晚了就只能站着听。	Many people come to his classes at that university, the classroom is packed with students, and students who come late have to stand.
63	ACB	中华文化有几千年没有中断，一定说明我们的文化有好的方面，但用到现代生活中，也有需要改进的地方。	Chinese civilization has never been suspended for thousands of years, which proves that it must contain some advanced elements. But there are also something to be improved, as we can find in our daily life.
64	CAB	上课一开始，我先给学生介绍书法的来历，打算引起他们的兴趣，果然一提到学写毛笔字，学生们就非常兴奋。	I spent the first lesson giving students an introduction of the origins of calligraphy, hoping to arouse their interest. Just as I expected, the students became very excited as soon as I told them that they were going to learn to write with brush.

65	CBA	因为有了使用毛笔的基础，加上孩子们丰富的想象力，所以他们的国画也很好。	Thanks to their rudimentary skills with the brush and their abundant imagination, they produced Chinese paintings that are no less than impressive.

第三部分

题号	答案	题解	Explanation
66	D	"味道挺好的" 说明很好吃。	"味道挺好的" means the flavor is good.
67	C	句中提到 "我作业还没有做完"，所以我不能出去玩儿。	"我作业还没有做完" means that I have not finished my homework, so I cannot go out to play.
68	D	有一道题太难，"我想了很久都没有想到答案"。	One question was too difficult, and I thought about it for a long time but got no answer.
69	C	"经济不好"、工资 "没有增加"，所以为了省钱，周末不敢购物，在家做饭。	Because of the bad economy, the salary has not increased. So he has to stay at home instead of shopping and cook for himself.
70	C	小丽办签证时 "把护照忘在那里了"，所以要去取回来。	She had left her passport in the embassy, so she has to take it back.
71	D	"这里的红叶很有名" 说明 "香山红叶很有名"。	"The Red Leaves here are famous" indicates "Red Leaves on Xiangshan Hill are famous."
72	C	北京的冬天 "温度比较低，风很大"。	It says that the temperature is low and the wind is strong. So the weather of winter in Beijing is cold.
73	C	"24 小时后" 就是明天这个时候。	The translator can be paid after 24 hours, which is tomorrow.
74	C	文中没有提到旅游可以锻炼身体。	It doesn't mention that travelling can make one's body strong.

75	D	"打折降低价格"后比较便宜，所以会吸引原来没打算买的顾客。	The price is much lower after discounting to attract the customers who firstly did not intend to buy.
76	C	艺术"能对社会产生重要的影响"，但不一定能改变人的心情和性格。	Art can affect social life, but it does not mean that it must change one's mood and character.
77	A	现在人口是70亿，1804年是10亿，多了60亿，所以是多了1804年的六倍。	There were 1 billion people in 1804 in the world; however, now it is 7 billion, increased 6 times.
78	D	空气新鲜、植物很多，有鸟儿在唱歌等都说明环境很好。	Fresh air, varies plants and singing of birds indicate that the environment is very good.
79	C	现代人胖是"由于吃了很多垃圾食品"。	Modern people can easily get fat because they eat a lot of junk food（垃圾食品）.
80	C	"他们想结婚，可是没有钱买房子"，所以才着急。	They want to get married but have no money to buy a house or an apartment, therefore, they are anxious.
81	B	王强三十岁，女朋友比他小三岁，所以二十七岁。"普通话很流利"说的是他女朋友。	Wang Qiang is 30 and his girlfriend is 3 years younger than him, so she is 27. It is his girl friend who can "speak fluent Mandarin".
82	B	"真正的浪漫不是说出来的，而是做出来的"。	True romance is not to say, but to do.
83	A	每天说他/她漂亮"并不能算浪漫"。	It is not actually romantic if keep saying "you are beautiful" without true care and respect.
84	D	经理觉得奇怪是因为"等了很久他都没有回来"。	The manager felt surprised because he had gone for a long time.
85	D	他们笑他是因为约翰不知道"打水"就是"接水"或"取水"的意思。	They laughed at him because he didn't know what "打水" really means.

3. 书写

第一部分（参考答案）

86. 公司通知他出差一个星期。

87. 咱们一放寒假就出发吧。

88. 这家饭馆的菜味道不错。

89. 你申请什么样的签证？

90. 请输入您的密码。

91. 图书馆的西边就是我们的教室。

92. 秋天是北京最美的季节。

93. 请你们介绍一下自己。

94. 刚才不小心把镜子打破了。

95. 他也是一名留学生。

第二部分（参考答案）

96. 我们成功了！

97. 他们的声音很美。

98. 我们赢了！

99. 他们选择坐火车去上海。

100. 你喜欢哪种颜色的笔？

新汉语水平考试
HSK（四级）

模拟试题七

注　意

一、HSK（四级）分三部分：

　　1.听力（45题，约30分钟）

　　2.阅读（40题，40分钟）

　　3.书写（15题，25分钟）

二、听力结束后，有5分钟填写答题卡。

三、全部考试约105分钟（含考生填写个人信息时间

5分钟）

一、听力

第一部分

⊙ 第 1~10 题：判断对错。

例如：我想去办个借书证，明天下午你有时间吗？陪我去一趟图书馆。

★他打算明天下午去图书馆。　　　　　　　　　（✓）

身高只有一米六，他是世界上最著名的矮个子篮球运动员。他曾经说过："篮球不只是让那些高个子打的，也是给那些喜欢它的人们打的。"

★他是个高个子的篮球运动员。　　　　　　　　（✗）

1. ★他儿子喜欢动物。　　　　　　　　　　　　（　　）
2. ★我们带了雨伞。　　　　　　　　　　　　　（　　）
3. ★他和老同学 10 年没见面了。　　　　　　　（　　）
4. ★他这次出了半个月差。　　　　　　　　　　（　　）
5. ★她下个星期有一个考试。　　　　　　　　　（　　）
6. ★弟弟星期天可以休息。　　　　　　　　　　（　　）
7. ★这次比赛他得了第三名。　　　　　　　　　（　　）
8. ★他们班一共 9 个人。　　　　　　　　　　　（　　）
9. ★今天不能起飞了。　　　　　　　　　　　　（　　）
10. ★他想改坐火车去。　　　　　　　　　　　　（　　）

第二部分

⊙ 第 11~25 题：请选出正确答案。

例如：女：来北京好多年了吧？你觉得北京和你的家乡在气候上有什么区别？

男：夏天都差不多，只是冬天北京比较冷，而我的家乡更暖和。

问：他们在谈什么？

A. 文化　　B. 风景　　C. 职业　　D. 气候 ✓

11. A. 能停车　　B. 堵车了　　C. 要修车　　D. 下班了
12. A. 天气　　B. 交通　　C. 职业　　D. 体育
13. A. 散步　　B. 吃饭　　C. 打球　　D. 游泳
14. A. 开车　　B. 走路　　C. 坐地铁　　D. 坐公交
15. A. 喜欢旅游　　　　　　B. 去旅游了
　　C. 不爱戴帽子　　　　　D. 皮肤变黑了
16. A. 球场　　B. 教室　　C. 书店　　D. 图书馆
17. A. 医院　　B. 商店　　C. 超市　　D. 停车场
18. A. 周三　　B. 周四　　C. 周五　　D. 周六
19. A. 父亲　　B. 弟弟　　C. 母亲　　D. 姐姐
20. A. 继续工作　　　　　　B. 继续学习
　　C. 自己开公司　　　　　D. 换一份工作
21. A. 10:30　　B. 11:30　　C.13:30　　D.14:30
22. A. 天气不错　　　　　　B. 想看电影
　　C. 想去游泳　　　　　　D. 想打网球
23. A. 二月十三号　　　　　B. 三月十三号
　　C. 三月十五号　　　　　D. 四月十五号

24. A. 房间太大了　　　　　　　　B. 房间太小了
　　C. 房间很干净　　　　　　　　D. 房间不整齐
25. A. 吃惊　　　　B. 高兴　　　　C. 难过　　　　D. 失望

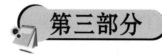

第三部分

⊙ 第 26~45 题：请选出正确答案。

例如：男：小姐，您好，这是您的房卡。
　　　女：谢谢！你们的餐厅在哪儿？
　　　男：从这儿往前走，左边就是。
　　　女：好，谢谢！
　　　问：男的最可能是做什么的？
　　　A. 演员　　B. 记者　　C. 售货员　　D. 服务员 ✓

26. A. 医院　　　　B. 宾馆　　　　C. 饭馆　　　　D. 图书馆
27. A. 工作　　　　B. 留学　　　　C. 旅游　　　　D. 上班
28. A. 头　　　　　B. 脚　　　　　C. 腿　　　　　D. 眼睛
29. A. 生病了　　　B. 忘带钥匙　　C. 忘了密码　　D. 丢了钥匙
30. A. 10 元　　　 B. 15 元　　　 C. 30 元　　　 D. 60 元
31. A. 宾馆　　　　B. 商店　　　　C. 公园　　　　D. 学校
32. A. 记者　　　　B. 医生　　　　C. 老师　　　　D. 律师
33. A 撞车了　　　 B. 住院了　　　C. 堵车了　　　D. 发烧了
34. A. 看书　　　　B. 复印　　　　C. 照相　　　　D. 学习
35. A. 学校　　　　B. 商店　　　　C. 图书馆　　　D. 电影院
36. A 湿润　　　　 B. 干燥　　　　C. 凉快　　　　D. 温暖
37. A. 米饭　　　　B. 土豆　　　　C. 面包　　　　D. 面条
38. A. 友谊　　　　B. 生活　　　　C. 心情　　　　D. 责任
39. A. 表扬你　　　B. 批评你　　　C. 鼓励你　　　D. 拒绝你

40. A. 兴奋   B. 失望   C. 平静   D. 难过
41. A. 很年轻   B. 是演员   C. 很感谢   D. 得奖了
42. A. 爱好   B. 天气   C. 比赛   D. 新闻
43. A. 失望   B. 激动   C. 愉快   D. 烦恼
44. A. 电脑   B. 电子邮件   C. 书信   D. 电话
45. A. 节约钱   B. 节约时间   C. 浪费时间   D. 没有垃圾

二、阅读

第一部分

⊙ 第 46~50 题：选词填空。

A. 感情   B. 热闹   C. 美丽   D. 继续   E. 流利   F. 尊重

例如：同事间当然应该互相信任、互相支持、互相（ F ）。

46. 他已经在中国生活了六年多了，能说一口（   ）的普通话。
47. 这座城市是中国最（   ）的城市之一。
48. 你知道吗？老北京人对这家商店的（   ）可深了。
49. 十年以前，这里有一个大工厂，人很多，很（   ）。
50. 大夫说他病好以后还能（   ）参加乒乓球比赛。

⊙ 第 51~55 题：选词填空。

A. 生活   B. 完全   C. 堵车   D. 经验   E. 打扰   F. 地址

例如：A：你认识小张吗？

       B：小张是我最好的朋友，他常常在（ A ）上帮助我。

51. A：请留一下您的姓名、（   ）和电话。

B：我叫王洁，住在梅园饭店 2138 房间，电话是 16752889290.

52. A：前边怎么那么多车？

　　B：这个时间容易（　　）。没办法，只好等了。

53. A：你最近感觉怎么样？好点儿没有？

　　B：我的病已经（　　）好了，你不用为我着急。

54. A：新来的这个年轻人怎么样？

　　B：他工作很认真，但在工作（　　）方面还很不够。

55. A：（　　）一下，请问坐哪路车可以到长安剧院？

　　B：坐 323 就可以。

第二部分

⊙ 第 56~65 题，排列顺序。

例如：　A. 然而在红海里

　　　　B. 不会游泳的人最怕掉进水里

　　　　C. 人可以躺在水面上不会沉下去　　　　　B A C

56. A. 但是质量不太好

　　B. 那家商店的东西很便宜

　　C. 我们去别的地方看看吧　　　　　＿＿＿＿＿＿

57. A. 今天老师有事

　　B. 提前一个小时下课

　　C. 学生们兴奋地跑出教室　　　　　＿＿＿＿＿＿

58. A. 价格也便宜多了

　　B. 这种电脑质量好多了

　　C. 与他们公司的产品相比　　　　　＿＿＿＿＿＿

59. A. 值得我们注意的是

　　B. 旧的问题还没有解决

C. 新的问题又出现了 _____

60. A. 主要是参加一个会议

　　B. 此外，去看看以前的几个老朋友

　　C. 这次去北京 _____

61. A. 最近的飞机票很难买

　　B. 最好早点儿买票

　　C. 你要去旅行的话 _____

62. A. 我们还没决定

　　B. 今年夏天我们想去中国旅行

　　C. 可是去哪些地方 _____

63. A. 中学的教育为六年

　　B. 其中初中三年

　　C. 高中三年 _____

64. A. 小明马上就要毕业了

　　B. 父亲有些为他担心

　　C. 可还没找到工作 _____

65. A. 电影院和商店也都挤满了人

　　B. 昨天是假日

　　C. 街上到处都是人 _____

第三部分

⊙ 第 66~85 题：请选出正确答案。

例如：在中国生活的三年使他在音乐方面有了很多新的想法，他把京剧的一些特点增加到自己的音乐中，取得了很好的效果。

　　★根据这段话，可以知道他：

　　A. 很热情　　　　　B. 会唱京剧

　　C. 受到京剧影响 ✓　　D. 离开中国三年了

66. 在这里，我遇到的每一个人，尤其是中国学生，都非常友好和好奇。我很高兴有机会和他们做朋友，并和他们交换电子邮件。这儿有很多的东西可以学，人们也愿意教你，我希望有一天能在中国继续我的学业。

★根据这段话，可以知道他：

A. 喜欢当老师　　　　　　　B. 没有中国朋友

C. 学了很多东西　　　　　　D. 想去中国留学

67. 性格会极大地影响人们的减肥能力。和性格外向的人相比，内向的人更容易坚持运动，并且选择健康的食物。人们应该根据自己的性格特点来减肥。

★根据这段话，最影响减肥能力的是：

A. 食物　　　　　　　　　　B. 运动

C. 性格　　　　　　　　　　D. 经验

68. 对没养成运动习惯的爱美女士来说，如何保持身材真是一大难题。她们不敢吃甜食，不敢吃零食，甚至每一口要进口的食物都得算一算热量。

★爱美女士如何保持身材？

A. 不运动　　　　　　　　　B. 少吃零食

C. 不吃甜食　　　　　　　　D. 买进口的食物

69. 去年十月，小李到英国旅游，玩了六天五夜。那几天正好是英国的节日，他和英国人一起跳舞，看英国的音乐表演，也吃了有名的英国小吃，喝了好喝的啤酒。他会说英语，所以跟英国人聊天没有问题。那几天他的心情好得不得了，他觉得这一次旅游真是值得。

★下面哪一个是对的？

A. 他不敢和英国人说话　　　B. 他在英国住了五个晚上

C. 他觉得这一次旅游不好玩　　D. 他在英国没有碰到什么节日

70. 有人想不通：热空气上升，高空离太阳又近，为什么气温反而低呢？这是因为太阳的能量不是直接加热空气的。太阳光照射大地，先把地面烤热，再由地面去加热空气，因此空气温度的高低，取决于距离地面的高度。

★离地面越近的地方，温度越：

A. 高　　　　　B. 低　　　　　C. 干　　　　　D. 潮

71. 我了解到中国学生花在学习上的时间特别长，听说他们每天学习 12 个小时，我深受鼓励。我觉得我在学习上花的时间不够多，所以我打算更加努力。

★他打算：

A. 去中国学习　　　　　　　B. 了解中国学生

C. 增加学习时间　　　　　　D. 提高汉语听力水平

72. 在一个非常复杂和紧张的世界中，我们似乎正在寻找重新与真正重要的东西建立联系的方法。家庭、朋友和大自然的美丽最让人快乐。带给我们最大快乐的，正是生活中不花我们一分钱的最简单的事物。

★生活中让人快乐的事物是：

A. 复杂的　　　B. 紧张的　　　C. 免费的　　　D. 美丽的

73. 人生的成功多种多样，但有一点可以肯定，成功的人往往不是最聪明的人，但一定是最有耐心的人。耐心等待机会，每一个机会都有一次选择，机会对每个人都是平等的，关键在于你如何选择，如何发挥自己的特长，把自己展示出来。

★成功的人往往是：

A. 用心的人　　B. 聪明的人　　C. 耐心的人　　D. 有特长的人

74. 一次偶然的机会，有几个游客向他问路，他不仅给游客指了路，还讲解了这条路的历史。没想到他的介绍把游客迷住了，他们让他当导游，让他带着他们去看景点。每次他都能让游客满意，他的名气越来越大，受到了很多人的尊重，尽管他的身份还是一个清洁工。

★他的真正身份是：

A. 游客　　　　B. 导游　　　　C. 清洁工　　　D. 历史学家

75. 我的家乡不很现代化，但它却很美。家乡的中心位置有一座大公园。那儿也有一座游泳池。它的旁边是一座公园。我的学校就在游泳池的对面。它们离我家都很近。

★ 这段话主要是在介绍：

A. 公园　　　　B. 学校　　　　C. 游泳池　　　　D. 我的家乡

76. 在他眼里，这张照片很好地反映了中国经济的高速发展。据说中国有世界上最多的吊车，给他留下了非常深刻的印象。

★ 吊车的数量可以说明：

A. 他的爱好　　　　　　　　B. 中国的环境

C. 生产质量情况　　　　　　D. 经济发展情况

77. 洗澡时唱歌是很常见的。澳大利亚人有每天早晨洗澡的习惯。不过他们那里缺水，为了节约用水，自来水公司希望人们洗澡时最好不要唱歌，或至少选一个比较短的歌唱。

那个公司希望人们：

A. 晚上洗澡　　　　　　　　B. 不要天天洗澡

C. 洗澡时唱较短的歌　　　　D. 不要在洗澡时唱歌

78. 一个学生到他的老师家做客，见到导师的儿子约翰，约翰向他问好。他说："你真是一个聪明的孩子！"导师马上指出："你应该表扬他的微笑和有礼貌"。

★ 这个导师认为表扬别人的时候应该：

A. 礼貌　　　　B. 直接　　　　C. 及时　　　　D. 真实

79. "宅"在最近几年被许多中国人视为一种更加流行、文明的休闲方式。在假期里，越来越多的都市人选择留在家里，喝茶读书，与家人交流感情，而不是在旅游景点的人潮中花费时间、金钱和精力。

★ 最近几年被认为更加流行的休闲方式是：

A. 喝茶　　　　　　　　　　B. 旅游

C. 待在家里　　　　　　　　D. 给家人打电话

80~81.

到月球旅游并不是不可实现的事，不过，那将会是什么样的月球之旅呢？月球很安静，那是因为月球上没有空气，所以声音无法通过空气传送。夜晚气温下降到零下151度，白天的气温则高到100度。而且在那里，不需要用到雨衣，因为月球上从来不下雨。以上是在月球上的情况，如果想要到月球旅游，要做好心理准备。

★ 这段话提到了什么？

A. 月球上的天气　　　　　　　B. 到达月球的方法

C. 前往月球旅游的价格　　　　D. 人类什么时候第一次到月球

★ 根据这段话，我们可以知道月球上：

A. 空气很少　　B. 晚上很热　　C. 白天很冷　　D. 从不下雨

82~83.

现在，许多人都在办公桌上吃午餐，因为这样可以有更多的时间干更多的工作，而且好像对身体也没什么伤害。但研究认为吃东西时不认真的人会吃得更多。除了锻炼身体的时间变少以外，在电脑上工作或玩游戏也可能使得我们不过脑子就吃掉更多食物，甚至记不起我们吃过什么。这个研究结果就能很好地解释久坐电脑前与发胖之间的关系。

★ 根据这段话，人们爱在办公桌上吃午餐的原因是：

A. 可以玩电脑游戏　　　　　　B. 可以和同事们聊天

C. 有更多的工作时间　　　　　D. 有更多的时间锻炼身体

★ 吃东西不认真的后果是：

A. 变胖　　　　B. 吃得少　　　　C. 爱忘事　　　　D. 坐的时间长

84~85.

如果有500万元，您最想干的是什么？提供的选择有出国旅游、购车、买房、开公司等6个。不管是男人还是女人，大多数人最想干的事情都是购车或者买房。选择最想开公司的男性差不多有百分之三十，女性只有百分之十多一点儿；有百分之二十的女性选择出国旅游，男性却不到百分之十。看来，女性比男性更希望看看外面的世界。

★有了500万，人们最想干的事儿是什么？

A.买车　　　　B.卖房　　　　C.旅游　　　　D.开公司

★谁更希望出国旅游？

A.女人　　　　B.人　　　　C.大多数人　　　D.卖房的人

三、书写

第一部分

⊙ 第86~95题：完成句子。

例如：吃得　不太好　对身体太饱

　　　吃得太饱对身体不太好。

86.认为　很　这　浪漫　他

_____

87. 难忘　让　他　这一刻　永远

_____

88. 帮我　请您　翻译　一下　这个句子

_____

89.同情 并支持 这个困难的 母亲 律师们

_____

90.几个 坐着 体育爱好者 台子上

_____

91. 很羡慕 那些 玛丽 会做生意的 朋友

_____

92. 幸福的 他 掉下了 高兴得 眼泪

_____

93. 我 感兴趣 对 这个问题 很

_____

94. 让 一起 跳舞 我们 吧

_____

95. 很 我的 害羞 女朋友

_____

第二部分

⊙第 96~100 题：看图，用词造句。

例如： 人民币
我想换一些人民币。

96.  理发

_____

97.  有趣

———————————

98.  最好

———————————

99.  信用卡

———————————

100.  唱

———————————

听力材料

（音乐，30秒，渐弱）

大家好！欢迎参加 HSK（四级）考试。

大家好！欢迎参加 HSK（四级）考试。

大家好！欢迎参加 HSK（四级）考试。

HSK（四级）听力考试分三部分，共45题。

请大家注意，听力考试现在开始。

第一部分

⊙ 一共10个题，每题听一次。

例如：我想去办个借书证，明天下午你有时间吗？陪我去一趟图书馆。

★他打算明天下午去图书馆。

身高只有一米六，他是世界上最著名的矮个子篮球运动员。他曾经说过："篮球不只是让那些高个子打的，也是给那些喜欢它的人们打的。"

★他是个高个子的篮球运动员。

现在开始第1题：

1. 在动物园里，我儿子玩得可高兴了。他跑来跑去，不停地问我们，这种动物叫什么，那种动物叫什么？

   ★他儿子喜欢动物。

2. 出门时天气还好好的，谁知道突然下起了大雨，我们只好赶快跑回家。

★我们带了雨伞。

3. 昨天我在公共汽车上碰到了一个老同学。他还是 10 年前的那个老样子。当时他站在公共汽车上竟然睡着了，实在是太累了。

★他和老同学 10 年没见面了。

4. 他这次出差时间挺长，没有一个月，也有二十几天。

★他这次出了半个月差。

5. 下个星期她有一个约会，所以周末想去商店买一套比较正式的衣服。

★她下个星期有一个考试。

6. 我的弟弟正在准备大学入学考试，每天都有很多作业要做，周末也一样。

★弟弟星期天可以休息。

7. 虽然没能进入前三名，但这次比赛对我来说仍然是次很开心的经历。

★这次比赛他得了第三名。

8. 在练习口语的时候，老师把同学们分成 5 个组，每组 4 个人。

★他们班一共 9 个人。

9. 如果今天不能起飞，公司会安排你们在饭店吃住。

★今天不能起飞了。

10. 我买了两张 8 月 28 号去广州的飞机票，想换到 8 月 31 号，可以吗？

★他想改坐火车去。

第二部分

⊙一共 15 个题，每题听一次。

例如：女：来北京好多年了吧？你觉得北京和你的家乡在气候上有什么区别？

男：夏天都差不多，只是冬天北京比较冷，而我的家乡更暖和。

问：他们在谈什么？

现在开始第11题：

11. 女：师傅，请问这儿能停车吗？

男：能，但是只能停两个小时。

问：男的主要是什么意思？

12. 女：北京的交通真差，坐公交车总是堵车，弄得我上班经常迟到。

男：你坐地铁去上班吧，地铁比较准时。

问：他们在谈论什么？

13. 女：最近天气好热，我经常晚饭后出去散步，你喜欢散步吗？

男：我不喜欢散步，但我喜欢游泳，夏天游泳让我感觉很凉快。

问：男的喜欢做什么？

14. 男：我们明天什么时候出发去看篮球比赛呀？

女：大约早上八点吧。路不好，我们不要开车了，还是提前走过去吧。

问：他们怎么去看篮球比赛？

15. 男：你旅游回来之后为什么皮肤一点都没有变黑呢？

女：因为我一直都戴着帽子。

问：关于女的，可以知道什么？

16. 女：你能帮我查一下这本书吗？我下周有考试，今天必须借到。

男：好的。这本书在二楼，今天就可以借。

问：对话可能发生在什么地方？

17. 女：我想去一趟超市，你能顺便带我一下吗？

男：当然可以，我正准备去那里买点东西，快上车吧！

问：男的要去哪里？

18. 男：现在开始开会吧。你们什么时候可以完成这项任务？

女：本来周三可以完成，但因为小张出差，所以只能周五完成。

问：任务什么时候能完成？

19. 女：弟弟终于通过了这次考试，你一定要记得祝贺他啊。

男：还好你提醒我，我现在就给他打电话。

问：男的准备给谁打电话？

20. 女：最近老板总对我的工作不满意，我觉得压力好大，真的想放弃了。

男：你好不容易才找到这份工作，一定要坚持下去啊。

问：男的希望女的怎么做？

21. 女：张教授，您明天什么时候到机场？我去接您。

男：辛苦您了，我明天下午两点半到首都机场。

问：女的明天什么时候去机场？

22. 男：今天天气好热，我们去游泳怎么样？

女：我下午要去打网球，下次再和你去游泳吧。

问：女的主要是什么意思？

23. 男：你们讨论得怎么样？有结果了吗？

女：由于大家都反对 3 月 13 号举行招聘会，最后不得不推迟到了 3 月 15 号。

问：招聘会什么时候举行？

24. 女：你的房间怎么这么乱？你都这么大了，应该学会整理房间。

男：好，我马上把它收拾干净。

问：女的主要是什么意思？

25. 男：你知道小黄拿了羽毛球比赛的第一名吗？

女：是吗？我看她平时不怎么爱运动，没想到羽毛球打得这么好。

问：对于这个消息，女的觉得怎么样？

第三部分

⊙一共 20 个题，每题听一次。

例如：男：小姐，您好，这是您的房卡。

女：谢谢！你们的餐厅在哪儿？

男：从这儿往前走，左边就是。

女：好，谢谢！

问：男的最可能是做什么的？

现在开始第 26 题：

26. 女：您好！这是我们的菜单，请问您需要来点儿什么？

男：我要一块面包和一份蛋糕，再加一杯牛奶。对了，你们这里有水果吗？

女：不好意思，先生，我们这里不卖水果。

男：哦，那就要这些吧。

问：男的最可能在哪儿？

27. 男：几年不见，你在美国读研究生感觉怎么样啊？

女：嗯，还不错，我很适应那里的学习方法，学校的教授都很有耐心。

男：真让人羡慕啊。

女：你也可以申请试试。

问：女的在国外做什么？

28. 女：我每天都要在电脑前工作很长时间，眼睛感觉好干啊！

男：你应该工作一段时间之后就休息一下，多看看绿色植物。

女：真是个好办法。不过你知道哪儿卖这种植物吗？

男：公司门口的超市里就有卖。

问：女的哪里不舒服？

29. 女：你下班了吗？我忘带家里的钥匙了，现在回不了家。

男：我昨天就提醒你出门记得带钥匙，没想到你还是忘了，真粗心。

女：我都急死了，你就不要说我了。你什么时候回来？

男：我马上就下班了，你等我吧。

问：女的怎么了？

30. 女：请问电影票多少钱一张？

男：每人30元。

女：学生会便宜些吗？

男：学生每人15元。

女：那我买一张座位在中间的学生票。

问：学生买一张电影票要花多少钱？

31. 女：我想换一条长一点的裙子。我昨天在你们这里买了一条小号的，回家之后发现女儿穿不上。

男：好的，我帮您看一看有没有中号的。

女：如果没有的话我就换成别的东西吧。

男：没问题，请您耐心等一下。

问：他们最可能在哪儿？

32. 女：你学的是什么专业呢？

男：我读硕士的时候学的是新闻，现在读博士学的是法律。

女：那你毕业之后应该很希望能成为一名律师吧？

男：对啊，比起记者，我更喜欢律师这个职业。

问：男的希望毕业之后做什么？

33. 女：你怎么现在才到啊？其他同学都到了，就等你一个人，活动马上就要开始啦。

男：半路堵车了，因为路上出了交通事故，一直等警察来疏导了交通，我才能继续开车。

女：那你没事吧？怎么那么不小心！

男：你误会了，我没事，是别人的车出事了。

问：关于男的，可以知道什么？

34. 女：先生，不好意思，图书馆里禁止照相。

男：可是我需要这本书里的材料，因为我写文章要用。

女：你可以把这本书拿到楼下的办公室去复印。

男：太好了，谢谢你。

问：男的正在做什么？

35. 女：明天的电影你想不想去看？

男：当然想去了，可是我最近没有多余的钱来买票啊！

女：我拿到今年的奖金了，我请客吧！

男：真的假的？你不是在开玩笑吧？

女：怎么会呢。明晚八点我们在电影院门口见。

问：他们明晚在哪个门口见？

第 36 到 37 题是根据下面一段话：

中国是一个人口非常多的国家，不同民族的人们共同生活在这片土地上。中国不仅人口多，南北方的差异也十分明显。在气候方面，北方干燥，南方湿润；在生活方面，北方人爱吃面条，南方人爱吃米饭。

36. 南方气候怎么样？

37. 北方人爱吃什么？

第 38 到 39 题是根据下面一段话：

什么才是真正的朋友？真正的朋友是和你有共同爱好，并且在你遇到困难的时候一定会陪在你身边鼓励你的那个人。也只有和这样的朋友在一起才会获得真正的友谊。

38. 这段话主要讲什么？

39. 当你遇到困难时，真正的朋友会怎么做？

第 40 到 41 题是根据下面一段话：

我现在的心情十分激动，首先要谢谢大家一直以来的辛苦劳动，没有大家的努力，我们今年就不可能提前完成任务。为了鼓励大家，公司决定给每一个人都发一份奖金，希望大家明年能继续努力！

40. 说话人现在心情怎么样？

41. 关于说话人，可以知道什么？

第 42 到 43 题是根据下面一段话：

在国外，人们喜欢谈论天气，这已经成为他们的一种生活习惯。因为人的心情会受到天气影响，不同的天气会给人们带来不同的心情。一般来说，晴天会让人心情愉快，雨天会让人感觉烦恼。

42. 在国外，人们经常在生活中聊什么？

43. 在晴天，人们的心情一般怎样？

第 44 到 45 题是根据下面一段话：

电子邮件的出现使人与人之间的交流变得更加方便。过去人们主要通过书信来交流感情，信件的往来需要花费很长时间，而发一封电子邮件仅仅需要几秒。但电子邮件也有缺点，例如处理垃圾邮件会浪费人们很多时间。

44. 过去人们通过什么来交流？

45. 电子邮件的优点是什么？

听力考试现在结束。

参考答案及题解（七）
（中英文）

1. 听力

第一部分

题号	答案	题解	Explanation
1	✓	在动物园里，我儿子玩得很高兴，不停地问我们各种动物的名字，说明他喜欢动物。	In the zoo, my son enjoyed his time, and kept asking us the names of all kinds of animals, which show that he is fond of animals.
2	✗	"出门时天气还好好的"、"突然下起了大雨""只好赶快跑回家"说明他们没带伞。	"出门时天气还好好的"，"突然下起了大雨"，"只好赶快跑回家" tell us that they had no umbrella.
3	✓	"他还是10年前的那个老样子"说明他们已经10年没见面了。	"他还是10年前的那个老样子" tells us they have not seen each other for ten years.
4	✗	"没有一个月,也有二十几天"说明他至少出差二十几天了。	He went on this business trip for quite a long time. If it was not a month, then it was at least more than twenty days.
5	✗	下个星期她有一个"约会"，而不是"考试"。	She has a "约会" rather than a "考试" next week.
6	✗	"周末也一样"说明他周末也要做作业，不能休息。	My younger brother is preparing for the university entrance examination and has a pile of homework to do every day, even with no exception on Sundays.

7	✗	"虽然没能进入前三名"告诉答案是错的。	"Though I didn't get into the top three" tells us the answer is wrong.
8	✗	"老师把同学们分成 5 个组，每组 4 个人"说明他们班有 20 个人。	"老师把同学们分成 5 个组，每组 4 个人" indicates that there are 20 students in their class.
9	✗	"如果"只是表示假设。	"如果" means hypothesis.
10	✗	他想把飞机票换到八月三十一号，而不是火车票。	He has reserved two air tickets for Guangzhou on the 28th of August. He wants to change them to the 31st of August. Is that OK?

第二部分

题号	答案	题解	Explanation
11	A	"能"表示能够、可以，说明女的可以停车。	The word "能" means "can" or "may", which indicates that the lady can park her car here.
12	B	"交通"、"堵车"、"地铁"等词说明他们在讨论交通。	The words "交通", "堵车", "地铁" imply that they are talking about transportation.
13	D	关联词"但"表示转折。男的说自己喜欢游泳。	The conjunction word "但" means transition in the course of events. The man says that he likes swimming.
14	B	"走"表示走路去。	The word "走" means walking.
15	B	"旅游回来"说明已经去旅游过了。	We can infer that they have been back from the expression "旅游回来".
16	D	"查"、"借"说明对话发生在图书馆。	The words "查", "借" tell us that the conversation happened in the library.
17	C	"顺便"一词指借着做某事的方便（做另一事），说明两人都去超市。	The word "顺便" means "by the way" or doing something without extra effort, which indicates that the two speakers will go to the supermarket together.

18	C	关联词"因为……所以……"表示因果关系。女的说周五能完成任务。	The conjunction word "因为……所以……" expresses the cause-and-effect relationship. The lady says they will complete the task on Friday.
19	B	"通过"表示她的弟弟已经达到考试的要求，所以男的要给她的弟弟打电话表示祝贺。	The word "通过" indicates that her brother has passed the examination, so the man will congratulate his brother by phone.
20	A	"坚持"一词表示动作一直在进行，没有停止，说明男的希望女的继续工作。	The word "坚持" means insisting on doing something all the time, which indicates that the man hopes the lady could insist on working.
21	D	下午两点半应表示为"14:30"。	The time "half past fourteen" should be expressed as "14:30" in Chinese.
22	D	"下次"指以后，表示这次不可以，说明女的今天想打网球。	The phrase "下次" means "next time", not "this time". We can infer that the lady wants to play tennis today.
23	C	"推迟"一词表示把原来的时间向后改。招聘会改到了3月15号举行。	The word "推迟" has the same meaning as "postpone" and "put off". The recruitment fair will be held on 15th March.
24	D	"乱"与整齐相反，表示没有秩序，说明房间不整齐。	The word "乱" has the opposite meaning as "neat" and "tidy", which means the room is "in a mess".
25	A	"没想到"表示她很吃惊。	The phrase "没想到" indicates that she is very surprised by what the man said.

第三部分

题号	答案	题解	Explanation
26	C	"菜单"、"面包"、"蛋糕"等词说明对话发生在饭馆。	The words "菜单", "面包", "蛋糕" imply that the conversation happened in the restaurant.
27	B	"研究生"、"教授"、"学校"等词说明她在国外留学。	The words "研究生", "教授", "学校" tell us that she is studying abroad.
28	D	"干"指没有水分，说明女的眼睛感觉不舒服。	The word "干" means "dry", indicating that her eyes feel uncomfortable.

29	B	"钥匙"、"提醒"、"粗心"等词说明女的忘带钥匙了。	We can infer that the woman has forgotten to bring the keys from the words "钥匙"，"提醒"，"粗心".
30	B	"便宜"一词形容价格低，学生票每人 15 元。	The word "便宜" means buying something at a low price. The price for student ticket is 15 yuan per person.
31	B	"裙子"、"别的东西"等词说明对话发生在商店。	The words "裙子"，"别的东西" imply that the conversation happened in the store.
32	D	"比起……更……"表示更可能选择后者。男的希望自己毕业之后成为一名律师。	The expression "比起……更……" has the same meaning as "prefer … to …", which tells us that the man wants to be a lawyer after graduation.
33	C	"误会"指弄错了对方的意思。说明男的遇到堵车了，而不是撞车了。	The word "误会" means "misunderstanding". We can know that the man got stuck in the traffic jam but not in the car accident.
34	C	"禁止照相"表示不可以，说明男的正在照相。	The phrase "禁止照相" means "no photo", which indicates that the man is taking pictures.
35	D	"请客"说明女的愿意请男的看电影。明晚八点在电影院门口见。	The word "请客" tells us that the woman would like to invite the man to see a movie with her.
36	A	该段最后一句话中说"南方湿润"。	The last sentence of the paragraph "南方湿润" implies the answer.
37	D	该段最后一句话中说"北方人爱吃面条"。	The last sentence of the paragraph "北方人爱吃面条" implies the answer.
38	A	从"朋友"、"友谊"等词可以看出这段话主要讲友谊。	We can infer that this paragraph is mainly about friendship from the words "朋友"，"友谊".
39	C	第二句话说真正的朋友会陪在你身边鼓励你。	From the second sentence of the paragraph we know that a real friend will stick with you and encourage you.
40	A	从第一句话可以知道他很"激动"。	From the first sentence we know that he is "excited".

41	C	全段都在表达感谢。	The whole paragraph expresses his appreciation.
42	B	第一句话说人们喜欢谈论天气。	The first sentence says that people like to talk about the weather.
43	C	该段最后一句话说"晴天会让人心情愉快"。	The last sentence of the paragraph "晴天会让人心情愉快" implies the answer.
44	C	该段第二句话"过去人们主要通过书信来交流感情"。	The second sentence of the paragraph "过去人们主要通过书信来交流感情" implies the answer.
45	B	"仅仅需要几秒"说明发电子邮件很节约时间。	The expression "仅仅需要几秒" indicates that sending e-mails can save a lot of time.

2. 阅读

第一部分

题号	答案	题解	Explanation
46	E	他已经在中国生活了六年多了，能说一口流利的普通话。	He has lived in China for six years, and he can speak mandarin fluently.
47	C	这座城市是中国最美丽的城市之一。	This city is one of the most beautiful cities in China.
48	A	你知道吗？老北京人对这家商店的感情可深了。	This shop means a lot to real Beijing folks.
49	B	十年以前，这里有一个大工厂，人很多，很热闹。	Ten years ago, there was a big factory, where was always crowded and bustling.
50	D	大夫说他病好以后还能继续参加乒乓球比赛。	The doctor said that he can continue to participate in table tennis competitions after recovery.
51	F	请留一下您的姓名、地址和电话。	Your name, address, and phone number, please.
52	C	这个时间容易堵车。没办法，只好等了。	It's rush hour. There's nothing we can do but waiting.

53	B	我的病已经完全好了，你不用为我着急。	I was quite well, you needn't worry.
54	D	他工作很认真，但在工作经验方面还很不够。	He works seriously, but he is still far short of work experience.
55	E	打扰一下，请问坐哪路车可以到长安剧院？	Excuse me, could you tell me which bus goes to the Chang'an Theater.

第二部分

题号	答案	题解	Explanation
56	BAC	那家商店的东西很便宜，但是质量不太好，我们去别的地方看看吧。	The things in that shop are very cheap, but not in very good quality. Let's go somewhere else.
57	ABC	今天老师有事，提前一个小时下课，学生们兴奋地跑出教室。	The teacher had something to do today, so he dismissed the class ten minutes earlier, and the students ran out of the classroom excitedly.
58	CBA	与他们公司的产品相比，这种电脑质量好多了，价格也便宜多了。	Compared with their company's products, this kind of computer's quality is much better, and the price is much cheaper.
59	ABC	值得我们注意的是，旧的问题还没有解决，新的问题又出现了。	It is to be noted that old problems have not solved yet, new problems emerged.
60	CAB	这次去北京，主要是参加一个会议。此外，去看看以前的几个老朋友。	This time I am mainly going to attend a meeting in Beijng. Besides that, I will also visit several old friends.
61	ACB	最近的飞机票很难买，你要去旅行的话，最好早点儿买票。	At the moment it is very difficult to buy plane tickets. If you want to go traveling, you'd better buy the ticket early.
62	BCA	今年夏天我们想去中国旅行，可是去哪些地方，我们还没决定。	We would like to travel to China this summer, but we still have not decided where to go.

63	ABC	中学的教育为六年，其中初中三年，高中三年。	Secondary education takes six years, this includes three years in junior middle school and three years in senior high school.
64	ACB	小明马上就要毕业了，可还没找到工作，父亲有些为他担心。	Xiao Ming is to be graduated immediately, and he is failed in getting a job, so his father is a bit worried about him.
65	BCA	昨天是假日，街上到处都是人，电影院和商店也都挤满了人。	Yesterday was a holiday; the street was filled with people; the cinema and the store was jam-packed with people too.

第三部分

题号	答案	题解	Explanation
66	D	最后一句话说他希望有一天能去中国留学。	The last sentence says that he hopes to continue his studies in China one day.
67	C	因为第一句话说"性格会极大地影响人们的减肥能力"。	The first sentence indicates that one's personality plays a surprisingly large role in one's ability to slim down.
68	C	她们不敢吃甜食，也不敢吃零食。	They keep away from sweet food and snacks.
69	B	第一句话说他在英国玩了六天五夜。	The first sentence says that he played six days and five nights in England.
70	A	"太阳光照射大地，先把地面烤热"说明离地面越近的地方温度越高。	"太阳光照射大地，先把地面烤热" shows that the closer to the earth, the higher the temperature is.
71	C	最后一句话说他觉得他在学习上花的时间不够多，所以打算更加努力。	The last sentence says he feels he doesn't spend enough time on study and is going to work harder.
72	C	带给我们最大快乐的，正是生活中不花我们一分钱的最简单的事物。	It is the simplest free things in life, which brings us the greatest happiness.

73	C	成功的人往往不是最聪明的人，但一定是最有耐心的人。	A successful man is not always the wisest, but he must be those who do their job most patiently.
74	C	最后一句话"尽管他的身份还是一个清洁工"说明他的真正身份是一名清洁工。	The last sentence "尽管他的身份还是一个清洁工" shows that his true identity was a dustman.
75	D	整段话都在介绍"我的家乡"。	The whole paragraph is introducing "我的家乡".
76	D	这张照片是中国经济高速发展的一个缩影。	This picture is a microcosm of the high-speed economy development in China.
77	D	那个公司为了节约用水，希望人们在洗澡时最好不要唱歌。	The company hopes people don't sing while bathing to save water.
78	D	"约翰向他问好"只能说明他很有礼貌，而不是聪明，说明导师认为夸奖别人应该真实。	"约翰向他问好" just showed that he was polite rather than clever. His master thought that praise should be true.
79	C	越来越多的都市人选择留在家里。	More and more urbanite choose to stay at home.
80	A	第三四句话都在讲月球上的天气。	The third and the fourth sentences are all talking about the weather on the moon.
81	D	第四句话说月球上从来不下雨。	The fourth sentence says that it never rains on the moon.
82	C	第一句话说人们在办公桌上吃午餐是因为"可以有更多的时间干更多的工作"。	The first sentence says that many employees have lunch at their desks, because it seems like a good way to cram more work into the day.
83	A	研究认为吃东西时不认真的人会吃得更多。	A study found people who distracted while eating eats more.
84	A	第三句话说大多数人最想干的事情都是购车或者买房。	The third sentence says that the majority of people wanted to buy a car or a house most regardless of sex.

85	A	最后一句话说有百分之二十的女性选择出国旅游，男性却不到百分之十。女性比男性更希望看看外面的世界。	The last sentence says that over twenty percent of women, compared to less than ten percent of men, chose to travel abroad. It seems that females are more interested in seeing the outside world than males.

3. 书写

第一部分

86. 他认为这很浪漫。

87. 这一刻让他永远难忘。

88. 请您帮我翻译一下这个句子。

89. 律师们同情并支持这个困难的母亲。

90. 台子上坐着几个体育爱好者。

91. 玛丽很羡慕那些会做生意的朋友。

92. 他高兴得掉下了幸福的眼泪。

93. 我对这个问题很感兴趣。

94. 让我们一起跳舞吧。

95. 我的女朋友很害羞。

第二部分（参考答案）

96. 奶奶正在理发。

97. 这个小孩很有趣。

98. 你最好每天吃一个苹果。

99. 她在网上用信用卡买东西。

100. 她在唱京剧。

新汉语水平考试
HSK（四级）

模拟试题八

注　意

一、HSK（四级）分三部分：

1. 听力（45题，约30分钟）

2. 阅读（40题，40分钟）

3. 书写（15题，25分钟）

二、听力结束后，有5分钟填写答题卡。

三、全部考试约105分钟（含考生填写个人信息时间5分钟）

一、听力

第一部分

⊙ **第 1~10 题：** 判断对错。

例如：我想去办个借书证，明天下午你有时间吗？陪我去一趟图书馆。

★他打算明天下午去图书馆。 （✓）

身高只有一米六，他是世界上最著名的矮个子篮球运动员。他曾经说过："篮球不只是让那些高个子打的，也是给那些喜欢它的人们打的。"

★他是个高个子的篮球运动员。 （✗）

1. ★他去了中国。 （ ）

2. ★现在的好书不多。 （ ）

3. ★他终于找到满意的工作了。 （ ）

4. ★这个地方的公共汽车司机很有耐心。 （ ）

5. ★他的学费全是自己打工挣的。 （ ）

6. ★年轻人过西方人的节日主要是因为好奇。 （ ）

7. ★哥哥的个子也不高。 （ ）

8. ★上海和美国的城市很像。 （ ）

9. ★他的作业做完了。 （ ）

10. ★张小姐一直反对这个计划。 （ ）

第二部分

⊙ **第 11~25 题：** 请选出正确答案。

例如： 女：来北京好多年了吧？你觉得北京和你的家乡在气候上有什么区别？

男：夏天都差不多，只是冬天北京比较冷，而我的家乡更暖和。

问：他们在谈什么？

A. 文化　　B. 风景　　C. 职业　　D. 气候 ✓

11. A. 六点十分　　B. 七点十分　　C. 五点五十分　　D. 十点十六分
12. A. 手机　　B. 照相机　　C. 公共电话　　D. 电子邮件
13. A. 出差了　　B. 生病了　　C. 请假了　　D. 去接人了
14. A. 天气不好　　B. 交通不好　　C. 印象不好　　D. 态度不好
15. A. 很好吃　　B. 不好吃　　C. 不知道　　D. 很难吃
16. A. 洗澡　　B. 吃饭　　C. 抽烟　　D. 打电话
17. A. 步行　　B. 骑车　　C. 开车　　D. 坐公汽
18. A. 大鸟　　B. 大花猫　　C. 大熊猫　　D. 大黄狗
19. A. 厨房　　B. 房间　　C. 电梯　　D. 洗手间
20. A. 一月　　B. 二月　　C. 五月　　D. 十一月
21. A. 堵车了　　B. 失败了　　C. 迟到了　　D. 不能来了
22. A. 一定去　　B. 不知道　　C. 不一定去　　D. 一定不去
23. A. 看电视　　B. 玩电脑　　C. 玩手机　　D. 写文章
24. A. 太阳　　B. 空气　　C. 天气　　D. 身体
25. A. 梦是假的　　　　　　　　　　B. 她没有睡觉
　　C. 他不会离开她　　　　　　　　D. 他不想回答这个问题

第三部分

⊙ 第 26~45 题：请选出正确答案。

例如：男：小姐，您好，这是您的房卡。

女：谢谢！你们的餐厅在哪儿？

男：从这儿往前走，左边就是。

女：好，谢谢！

问：男的最可能是做什么的？

A. 演员　　B. 记者　　C. 售货员　　D. 服务员 ✔

26. A. 他喜欢运动　　　　　　　B. 她不爱运动
　　C. 散步不算运动　　　　　　D. 她应该经常锻炼

27. A. 放寒假了　　　　　　　　B. 现在是晚上
　　C. 今天是周末　　　　　　　D. 今天天气不好

28. A. 访问学校　　B. 参观长城　　C. 入住宾馆　　D. 去火车站

29. A. 二点　　　　B. 七点　　　　C. 八点　　　　D. 九点

30. A. 他没有袜子　　　　　　　B. 他不穿袜子
　　C. 他不喜欢袜子　　　　　　D. 他的袜子都破了

31. A. 司机　　　　B. 老师　　　　C. 演员　　　　D. 服务员

32. A 上学　　　　B. 吃饭　　　　C. 做生意　　　D. 住宾馆

33. A 不爱看电影　　　　　　　B. 打扮了很久
　　C. 记错了时间　　　　　　　D. 不喜欢男的

34. A. 水果　　　　B. 饺子　　　　C. 鸡蛋　　　　D. 牛奶

35. A. 妈妈　　　　B. 爸爸　　　　C. 哥哥　　　　D. 爷爷

36. A. 贵了　　　　B. 便宜了　　　C. 没变化　　　D. 不知道

37. A. 校长　　　　B. 律师　　　　C. 护士　　　　D. 医生

38. A. 表演　　　　B. 聊天　　　　C. 招聘　　　　D. 做买卖

39. A. 超市　　　　B. 商店　　　　C. 医院　　　　D. 警察局

40. A. 沙发　　　　B. 床　　　　　C. 桌椅　　　　D. 衣柜
41. A. 作业　　　　B. 铅笔　　　　C. 字典　　　　D. 笔记本
42. A. 旅行　　　　B. 上班　　　　C. 留学　　　　D. 做生意
43. A. 数学　　　　B. 体育　　　　C. 音乐　　　　D. 历史
44. A. 咖啡　　　　B. 牛奶　　　　C. 果汁　　　　D. 饮料
45. A. 很脏　　　　B. 很乱　　　　C. 很热闹　　　D. 很安静

二、阅读

第一部分

⊙ 第 46~50 题：选词填空。

A. 怀疑　　B. 拒绝　　C. 打针　　D. 反映　　E. 提供　　F. 尊重

例如：同事间当然应该互相信任、互相支持、互相（ F ）。

46. 这个宾馆免费（　　）早饭。

47. 不同的国家有不同的茶文化，这些茶文化（　　）了不同民族的特点。

48. 他的病比较严重，需要（　　）。

49. 那男孩（　　）别人的批评。

50. 有人（　　）这是广告。

⊙ 第 51~55 题：选词填空。

A. 生活　　B. 信任　　C. 允许　　D. 规定　　E. 负责　　F. 判断

例如：A：你认识小张吗？

B：小张是我最好的朋友，他常常在（ A ）上帮助我。

51. A：你把信用卡交给她，放心吗？

B：我完全（　　）她。

52. A：能在这儿游泳吗？

B：对不起，这里不（　　）游泳。

53. A：这本书我可以借多长时间？

B：图书馆的（　　）是一个月。

54. A：新来的老师怎么样？

B：他对工作很（　　）。

55. A：怎么（　　）他们说得是真还是假？

B：只能根据经验。

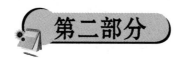
第二部分

⊙第 56~65 题，排列顺序。

例如： A. 然而在红海里

B. 不会游泳的人最怕掉进水里

C. 人可以躺在水面上不会沉下去　　　　 B A C

56. A. 活动一结束，很多观众马上要求报名参加他们的暑期班

B. 这所大学举办的"中国文化开放日"活动

C. 吸引了百名当地人前来观看　　　　　　　　　　　　

57. A. 面对热爱汉语和中国文化的英国学生

B. 他不仅给学生们提供了最大的帮助和支持

C. 还表现出了一位中国友人对英国人民的深厚感情

　　　　　　　　　　　　

58. A. 而且通过语言的学习

B. 还能丰富本民族的精神与文化

C. 学好语言，能读懂一个民族的精神

59. A. 即使是对一些讲广东话的华人来说也是这样
　　B. 对美国人来说
　　C. 汉语的确是一门难学的外语　　　　＿＿＿＿＿＿＿

60. A. 无论什么工作
　　B. 他都努力做好
　　C. 3 年多来，只要是有利于中国文化在当地的发展

　　　　　　　　　　　　　　　　　　　　＿＿＿＿＿＿＿

61. A. 对于学院的年轻教师
　　B. 在严格工作管理的同时
　　C. 他也会在生活上给他们一些鼓励和帮助　＿＿＿＿＿＿＿

62. A. 汉语也成为法国学校外语教学中排名第五的语言
　　B. 在过去 10 年中
　　C. 中国已成为欧洲人旅游首先选择的国家之一

　　　　　　　　　　　　　　　　　　　　＿＿＿＿＿＿＿

63. A. 而且可以让他们的生活更加丰富
　　B. 学习汉语不仅对未来找工作有好处
　　C. 对于年轻人来说　　　　　　　　　＿＿＿＿＿＿＿

64. A 因为我成绩不错
　　B. 学校就让我去代替那位老师给低年级上课
　　C. 那是 2012 年的一天，学校一位老师因为家里有事请假了

　　　　　　　　　　　　　　　　　　　　＿＿＿＿＿＿＿

65. A. 未来我就是要做一名优秀的汉语教师
　　B. 我的答案有了，我就要做像我们中国老师那样的人
　　C. 你到底想成为什么样的人　　　　　＿＿＿＿＿＿＿

第三部分

⊙ 第 66~85 题：请选出正确答案。

　　例如：在中国生活的三年使他在音乐方面有了很多新的想法，他

把京剧的一些特点增加到自己的音乐中，取得了很好的效果。

★根据这段话，可以知道他：

A. 很热情 　　　　　　　B. 会唱京剧

C. 受到京剧影响　✓ 　　D. 离开中国三年了

66. 她是一个很有耐心的人，做什么事都非常仔细，对别人也特别友好，努力帮助每个人。

★下面哪一个不符合她的性格？

A. 认真 　　　B. 热情 　　　C. 友好 　　　D. 勇敢

67. 要想很快提高技术水平，就需要在实际工作中不断学习、总结，积累经验。

★在哪儿可以很快提高技术水平？

A. 生活中 　　B. 学校里 　　C. 游戏中 　　D. 工作中

68. 京剧是一种有名的中国艺术，尽管它是在北京发展起来的，但现在流行于中国各地甚至世界各国，无论是在音乐上，还是在表演上，影响都非常大。

★京剧在哪儿发展起来的：

A. 北京 　　B. 上海 　　C. 中国各地 　　D. 国外

69. "照相机带了吗？一会儿出去玩多拍点照片。""带什么相机啊，旅游是让你看风景，不是让相机看风景的。"

★第二个人是什么意思？

A. 不用看风景 　　　　　　B. 不用带相机

C. 旅游没有意思 　　　　　D. 用相机照风景

70. 学校的对面是一个饭馆，左边是一家银行，右边有一家小商店。银行的对面是一家很大的超市。

★超市在饭馆的哪一边？

A. 左边 　　B. 右边 　　C. 前边 　　D. 后边

71. 放暑假的时候，我去奶奶家住了一个月。她住在农村，附近有一个很大的水果市场，比我们城里的大多了。

★ "我"没放假时住在哪里？

A. 农村　　　　B. 市场　　　　C. 城市　　　　D. 公园

72. 体育比赛不仅可以锻炼身体，还能发展友谊，让参加比赛的人在竞争中认识新的朋友，学习新的知识。

★ 体育比赛可以让人互相：

A. 羡慕　　　　B. 学习　　　　C. 担心　　　　D. 怀疑

73. 我家一般很安静。可是放假以后女儿经常会带朋友回来，一边唱歌，一边跳舞，不但我家里热闹，而且吵得邻居也休息不好。实在没办法，我就把女儿批评了一顿。

★ "我"批评女儿是因为她：

A. 太坏了　　　B. 太吵了　　　C. 太激动了　　　D. 太活泼了

74. 一个优秀的人一般都很冷静。他／她不是不会紧张，不会害怕，而是可以努力让自己轻松面对困难，取得成功。

★ 一个优秀的人：

A. 从来不紧张　　　　　　　B. 一般都会害怕

C. 很少遇到困难　　　　　　D. 可以轻松面对困难

75. 他是一个奇怪的人，经常在下雨的时候出去跑步，刮风的时候去理发，天晴的时候在家里喝咖啡。

★ 他一般什么时候去跑步？

A. 下雪的时候　　　　　　　B. 刮风的时候

C. 天晴的时候　　　　　　　D. 下雨的时候

76. 11 年以前，我从来没有想过自己的生活有一天会与中国相连，更没有想过自己有一天能讲一口普通话，并且因为我比较了解中国政治、文化和社会，所以顺利地找到了一份与中国有关的工作。

★ 他顺利找到工作的原因是：

A. 他的专业很好 　　　　　　B. 普通话说得好

C. 比较了解中国 　　　　　　D. 11 年前开始学汉语

77. 现在的食品价格很高，衣服也越来越贵了。家具的价格没有变，可惜去年买了很多，现在不需要再买了。

★ 现在不买家具的原因是：

A. 价格很高　　　B. 价格没变　　　C. 已经有了　　　D. 家具不好

78. 中国观众对电影的要求越来越高，一部分原因是因为人们观看电影的数量和种类一天天增多，更重要的是因为，对中国人来说，电影不光是一种娱乐，同时也在人们的生活中扮演着重要角色。

★ 中国观众对电影的要求越来越高，最重要的原因是因为电影：

A. 数量多 　　　　　　　　　B. 种类多

C. 是一种娱乐 　　　　　　　D. 影响人们的精神生活

79. 中国南方的气候比较湿润，北方一般来说比较干燥，特别是西北部的很多省，因为离海很远，大河又不多，所以会经常缺水。

★ 中国西北的很多省：

A. 没有水　　　B. 没有河　　　C. 很湿润　　　D. 很干燥

80~81.

男朋友长得很帅，而且非常优秀、诚实、聪明、积极、耐心，尽管偶尔会有点骄傲，但他幽默、浪漫，让她觉得非常幸福。然而，他们也有烦恼，主要是因为爱好不一样。他喜欢弹钢琴，每天早上起来都弹一段，经常把她吵醒，让她很生气。她喜欢游泳，他却从来不陪她去。他去打篮球，她也从不去看。

★ 他的缺点是：

A. 脾气不好　　　B. 有时骄傲　　　C. 不懂浪漫　　　D. 没有耐心

★ 他们为什么烦恼？

A. 习惯不同 　　　　　　　　B. 性格不合

C. 爱好不同   D. 生活态度不同

82~83.

春、夏、秋、冬，每个季节都有不一样的风景，同样的风景里的人也有着不同的心情。春天的花让人高兴，也会让人难过。夏天的雨里有人流泪，有人兴奋。秋天的叶子让人感动，也让人伤心。冬天的雪地里有人幸福，也有人孤单。每年的风景很相近，但每个人的人生却大不同。不变的是风景，变化的是人生。

★根据上面一段话，下面哪一个是正确的?

A. 每个季节风景相同   B. 同样的风景心情相同

C. 人生经常在发生变化   D. 风景从来没有一点改变

★每个人的人生：

A. 都相同   B. 都差不多

C. 都不一样   D. 都没有变化

84~85.

出国是一件很麻烦的事儿。办签证要准备很多材料，办护照、买机票、换钱，还得注意那个国家的气候，决定带什么衣服，检查要带的行李。另外，因为不同的国家有不同的规定，有时候去另外一个国家很难，而且办签证要等很长时间。不过现在的社会越来越国际化，世界慢慢变成"地球村"。随着经济的发展，国家之间的对话和交流变多，交通更加方便，不同国家人们的友谊加深，相信以后出国会越来越简单。

★出国是一件很麻烦的事，因为：

A. 要准备很多   B. 机票不好买

C. 语言不一样   D. 气候很不同

★以后出国会越来越简单是因为：

A. 规定会减少   B. 行李不需要了

C. 签证会取消   D. 交流更多了

三、书写

⊙ 第 86~95 题：完成句子。

例如： 吃　得　不太好　对身体　太饱
吃得太饱对身体不太好。

86. 两位　吗　你们　都是　英国人

_____

87. 地方　这边　你　住的　是

_____

88. 最爱吃的菜　西红柿　是　我　之一

_____

89. 是　他　翻译　高级　一位

_____

90. 家　玩　来　欢迎　我

_____

91. 他　提前　最好　通知　你

_____

92. 四百元　衣服　那件　值

_____

93. 后悔　他　自己　没有　努力

_____

94. 字　写　得　她的　很好

_____

95. 乱放　把　别　到处　钥匙

_____

第二部分

⊙第 96~100 题：看图，用词造句。

例如：

人民币
我想换一些人民币。

96.

凉快

_____

97.

整齐

_____

98.

考试

_____

99. 　　　　巧克力

_____

100. 　　　　戴

_____

 听力材料

（音乐，30秒，渐弱）

大家好！欢迎参加 HSK（四级）考试。

大家好！欢迎参加 HSK（四级）考试。

大家好！欢迎参加 HSK（四级）考试。

HSK（四级）听力考试分三部分，共 45 题。

请大家注意，听力考试现在开始。

第一部分

⊙ 一共 10 个题，每题听一次。

例如： 我想去办个借书证，明天下午你有时间吗？陪我去一趟图书馆。

★他打算明天下午去图书馆。

身高只有一米六，他是世界上最著名的矮个子篮球运动员。他曾经说过："篮球不只是让那些高个子打的，也是给那些喜欢它的人们打的。"

★他是个高个子的篮球运动员。

现在开始第 1 题：

1. 自从我学了汉语，认识了一些中国朋友以后，真的想去中国看看。于是，我买了飞机票，坐上了飞往北京的飞机。

 ★他去了中国。

2. 朋友告诉我，现在的书很贵。要是十年前，二十块钱能买到一本挺好的书；现在至少要四五十块钱。

 ★现在的好书不多。

3. 他大学毕业都快三个月了，还没有找到满意的工作。这一次好不容易才找到一家挺不错的公司，但竞争这个工作的人非常多。

 ★他终于找到满意的工作了。

4. 让我吃惊的是这个地方的公共汽车司机。他们很有耐心，几乎对每一个乘客都要说"早上好"，我不知道这是不是他们的职业习惯。

 ★这个地方的公共汽车司机很有耐心。

5. 今天我在路上碰见大卫，他建议我假期去打工。他告诉我，他的学费一部分是自己打工挣的，一部分是跟父母借的。

★他的学费全是自己打工挣的。

6. 现在，在中国，除了传统的节日以外，很多人还非常喜欢过外国人的节日。特别是年轻人，他们过西方人的节日主要是因为好奇。

　　★年轻人过西方人的节日主要是因为好奇。

7. 哥哥很喜欢打篮球。可是，我的个子太矮，上了球场恐怕连篮球都摸不到。

　　★哥哥的个子也不高。

8. 上海是个很特别的城市，我实在不知道它像美国的哪个城市。也许它更像欧洲的一个什么城市，也许，它哪个城市也不像，它就是它自己。

　　★上海和美国的城市很像。

9. 这些作业本来今天可以做完，但晚上突然来了一位朋友，陪他说了一会儿话，所以就没有做完。

　　★他的作业做完了。

10. 张小姐一开始同意这个计划，因为她不了解实际情况，听了大家的意见以后，她也开始反对了。

　　★张小姐一直反对这个计划。

第二部分

⊙一共 15 个题，每题听一次。

例如：女：来北京好多年了吧？你觉得北京和你的家乡在气候上有什么区别？

　　　男：夏天都差不多，只是冬天北京比较冷，而我的家乡更暖和。

　　　问：他们在谈什么？

现在开始第 11 题：

11. 男：现在几点了？

　　女：差十分六点。

　　问：现在几点？

12. 女：昨天会议的内容可以用电子邮件发给我吗？

　　男：没问题。

　　问：女的想让男的通过什么把会议内容告诉她？

13. 男：小张在吗？

　　女：他去机场接一位教授了，不在办公室。

　　问：小张为什么不在办公室？

14. 女：这真是本世纪最大的笑话，交通不好改变了计划，他却说都是我的责任！

　　男：别生气了。

　　问：计划为什么改变了？

15. 男：这个菜的味道怎么样？

　　女：你尝尝。

　　问：菜的味道怎么样？

16. 女：对不起，这里禁止抽烟。

　　男：不好意思。

　　问：男的在干什么？

17. 女：天黑了，刚下完雪，路上滑，开车回家的时候小心点。

　　男：知道，放心吧。

　　问：男的怎样回家？

18. 男：奶奶，我今天在动物园看到大熊猫了！

　　女：是吗？好不好玩？

　　问：男的在动物园看到了什么？

19. 男：不好意思，请问洗手间在哪儿？

　　女：从这条路往前走，看到厨房以后往右走几步就到了。

　　问：男的要去哪儿？

20. 女：我的生日是一月二十五号，你呢？
男：比你晚一个月。
问：男的出生在哪个月？

21. 女：请大家按座位号坐好。下面开始考试。
男：老师，对不起，我来晚了。路上堵车了。
问：男的为什么道歉？

22. 女：星期五下午的活动你去参加吗？
男：当然去啦。
问：男的会不会去参加活动？

23. 男：你平时晚上都干什么呀？
女：大部分时候用电脑上网，有时候也看电视。
问：女的晚上主要做什么？

24. 男：最近温度越来越低，还开始刮风了。
女：是啊，好几天都不出太阳。
问：他们在谈论什么？

25. 女：刚才睡着了，梦见你去其它城市生活了。
男：我怎么会离开你呢？
问：男的是什么意思？

第三部分

⊙一共 20 个题，每题听一次。

例如：男：小姐，您好，这是您的房卡。
女：谢谢！你们的餐厅在哪儿？
男：从这儿往前走，左边就是。
女：好，谢谢！
问：男的最可能是做什么的？

现在开始第 26 题：

26. 男：你喜欢什么运动？

　　女：没什么特别喜欢的，你呢？

　　男：很多，踢足球，打篮球，游泳，爬山，骑马……

　　女：我喜欢散步。

　　男：这也算运动呀？

　　问：男的最后一句话是什么意思？

27. 女：七点半啦，该起床了，你怎么还在睡觉？

　　男：马上起来。

　　女：已经叫了你几遍了，再不起床就迟到了！

　　男：今天星期六，不用上课。

　　女：我忘了，还以为今天你得去上学呢。

　　问：今天男的为什么不用去上课？

28. 男：你好！请问你找谁？

　　女：你好！我是旅游公司的导游，请问明天有几位客人参观长城？

　　男：一共有五位。

　　女：好的，麻烦你告诉他们明天中午十二点在宾馆门口集合。

　　男：好的。

　　问：明天客人要做什么？

29. 女：东西都收拾好了吗？

　　男：收拾好了。

　　女：毛巾、牙膏带了吧？要不要再拿一件衬衫放在行李箱里？

　　男：不用了。我得去机场了。九点的航班，再晚就来不及了。

　　女：还有两个小时，应该来得及，不要着急。

　　问：现在几点了？

30. 男：今天去购物都买什么了？

　　女：买了一条裙子，一双凉鞋，给你买了一条短裤，两双袜子。

　　男：我袜子不是挺多的吗？

　　女：多什么呀，没有一双不破的。还买了个帽子，好看吗？

男：好看。

问：女的为什么给男的买袜子？

31. 男：我孩子的学习成绩怎么样？

女：还不错。上课的时候很认真。回家做作业吗？

男：每天都做到 8 点多。

女：那就好。不过该玩的时候还是要让他好好玩。

男：是啊。

问：女的是做什么的？

32. 女：请问，附近哪里有宾馆？

男：往前走一百米，就有一家。

女：价格怎么样？

男：还好，不是很贵。

女：谢谢。

问：女的最可能要做什么？

33. 男：你怎么现在才出来？电影都要结束了。

女：我要打扮一下呀。

男：真受不了，每次约会都要迟到一个小时。

女：这样才漂亮呀。

男：你已经够漂亮了。

问：女的为什么迟到了？

34. 女：早饭吃了什么？

男：吃了面条和鸡蛋，喝了点牛奶。

女：昨天买了饺子，你没热吗？

男：没有，太麻烦。

女：你不是喜欢吃水果吗？冰箱里还有苹果。

男：时间来不及了，我喝点果汁好了。

问：男的喜欢吃什么？

35. 男：周末你妈妈加班，没时间和我们去公园了。

女：啊？不是说好了一家三口一起去的吗？

男：没办法，她突然有事，不能请假。你想去哪里我陪你去。

女：那明天不下雨的话你陪我去附近的农村玩，行吗？

男：没问题。

问：男的最有可能是女的的什么人？

36. 女：西红柿多少钱一斤？

男：一块五。

女：怎么现在这么贵？

男：马上就要到冬天了，过两天更贵。

问：西红柿现在的价格怎么样？

37. 男：哪里不舒服？

女：昨天晚上开始就一直发烧，头很疼，鼻子也不舒服。

男：我来检查一下。……是流行性感冒。我给你开点药。

女：好的。

男：一定要按时吃药，记得多喝水，好好休息。

女：谢谢。

问：男的是做什么的？

38. 女：你为什么要做售货员这份工作？

男：我看到顾客买到满意的东西后自己也很高兴。我喜欢为别人服务。

女：你打算怎样来做好工作？

男：我会认真熟悉工作内容，尽快记住每种东西的价格，热情地对待每一位顾客，努力让每个人的购物过程都顺利、愉快。

问：女的在做什么？

39. 男：请你讲一下当时的情况。

女：我在超市选完东西，付钱的时候就发现钱包不见了。

男：你出门的时候钱包还在身上？

女：是的。

男：我们会和超市取得联系，做进一步调查。有什么消息会打电话通知你。

问：他们最有可能在哪儿？

40. 男：你好，这位女士，请问你想买什么？

女：我想看看家具。

男：沙发、床，还是衣柜？

女：我要买几把放在花园里的桌子和椅子。

男：请这边走。这里有好几种，你看你喜欢哪一种？

女：那边那套很漂亮。这里可以用信用卡吗？

男：可以。

问：女的想买什么？

41. 男：你的作业做好了吗？

女：早就做好了。

男：我有好几种颜色的铅笔用完了，所以还没有画完。

女：我可以借给你。你需要什么颜色的？

男：红色、蓝色和黄色。

问：男的需要借什么？

42. 男：明年我要去中国留学，学习中国文化。

女：真的吗？这样你就有机会直接和中国人练习普通话了。

男：而且可以了解他们的习惯，过中国节日，吃真正的中国菜。

女：好羡慕你！

男：你也一起去吧！

问：男的要去中国干什么？

43. 女：数学作业做完了吗？这道数学题你做出来了吗？

男：你得把数字重新排列，才能判断它们的关系。

女：我觉得数学既复杂又无聊，不像历史那么有意思。

男：是因为你太笨吧？

女：你说什么？太让我伤心了！

男：我开玩笑的。

问：女的喜欢哪门课？

44. 女：对不起，我不是故意的。

男：没关系，车上人太多了。

女：你的笔记本没事吧？那么大一杯果汁全洒在上面了。

男：没事，我早上起来喝了咖啡，它什么也没喝，正好渴了。

女：你真幽默。

问：什么洒在笔记本上了？

45. 男：下午下班以后有事吗？我请你吃饭。

女：去哪里？

男：离公司不远的一家小饭店。很干净，又安静，一点也不吵。

女：价格怎么样？贵吗？

男：挺便宜的，不过很特别。

问：饭店环境怎么样？

听力考试现在结束。

参考答案及题解（八）
（中英文）

1. 听力

第一部分

题号	答案	题解	Explanation
1	✔	自从我学了汉语，认识了一些中国朋友以后，真的想去中国看看。于是，我买了飞机票，坐上了飞往北京的飞机。	I really wanted to visit China, ever since I learned some Chinese, and got to know some Chinese friends. Hence, I bought the ticket and got onto an airplane to Beijing.
2	✘	朋友告诉我，现在的书很贵。要是十年前，二十块钱能买到一本挺好的书；现在至少要四五十块钱。	My friends told me that nowadays books are really expensive. Ten years ago, a very nice book costs only twenty yuan; now the same book would cost forty or fifty yuan.
3	✘	他大学毕业都快三个月了，还没有找到满意的工作。这一次好不容易才找到一家挺不错的公司，但竞争这个工作的人非常多。	It has now been almost three months since his graduation from university, but he still has not found a satisfactory job yet. Now he has managed, with great difficulty, to find a fairly good company, but there are a great many applicants to compete with for this job.

4	✓	让我吃惊的是这个地方的公共汽车司机。他们很有耐心，几乎对每一个乘客都要说"早上好"，我不知道这是不是他们的职业习惯。	What surprises me is the bus driver here. They are very patient, and they say "good morning" to almost every passenger. I don't know whether this is their professional habit.
5	✗	今天我在路上碰见大卫，他建议我假期去打工。他告诉我，他的学费一部分是自己打工挣的，一部分是跟父母借的。	Today I ran into David in the street. He suggested that I can get a temporary job during the holidays. David told me that his tuition fees are paid partly with his earnings from work and partly with loans from his parents.
6	✓	现在，在中国，除了传统的节日以外，很多人还非常喜欢过外国人的节日。特别是年轻人，他们过西方人的节日主要是因为好奇。	Now, in China, many people , especially the younger generation, came to enjoy celebrating foreign holidays out of curiosity, as well as the traditional ones.
7	✗	哥哥很喜欢打篮球。可是，我的个子太矮，上了球场恐怕连篮球都摸不到。	My elder brother really likes to play basketball. But I'm too short; on the court, I probably wouldn't ever touch the ball at all.
8	✗	上海是个很特别的城市，我实在不知道它像美国的哪个城市。也许它更像欧洲的一个什么城市，也许，它哪个城市也不像，它就是它自己。	Shanghai is a very special city. I really don't know which city in America it is like. Maybe it's like some European city more ; or, it doesn't resemble any other city at all except itself.
9	✗	这些作业本来今天可以做完，晚上突然来了一位朋友，陪他说了一会儿话，所以就没有做完。	The assignment could have finished today, but a friend suddenly came in the evening. I talked with him for a while, so the assignment hasn't been finished.

| 10 | ✗ | 张小姐一开始同意这个计划，听了大家的意见以后，她也开始反对了。 | At first Miss Zhang agreed this plan, but after hearing everybody's opinions, she began to turn against it too. |

第二部分

题号	答案	题解	Explanation
11	C	"差十分六点"的意思是离六点还有十分钟。	"差十分六点" means ten to six.
12	D	女的说用"电子邮件"发给她。	She had mentioned "by E-mail". "电子邮件" means email.
13	D	女的说"他去机场接一位教授了"。	"他去机场接一位教授了" means that he goes to the airport to meet a professor.
14	B	"交通不好"改变了计划。	She said "交通不好", which means the plan is changed because of the bad transportation.
15	C	"你尝尝"是让男的尝，没有说味道怎么样。	The expression "你尝尝" is inviting the man to taste, without making mention of the flavor.
16	C	"禁止抽烟"说明男的正在抽烟。	"禁止抽烟" means no smoking. So we can see that the man must be smoking at that time.
17	C	女的提到"开车"一词。	The woman mentioned "driving home".
18	C	男的说他在动物园看到"大熊猫"了。	The man said that he had seen the panda(大熊猫) in the zoo.
19	D	男的问"洗手间"在哪里，说明他要去洗手间。	The man asked about "washing room(洗手间)", which implies that he would go there.
20	B	女的说她出生在"一月"，男的说比她晚一个月，所以是二月。	The woman said that she was born in January and the man said his birthday is one month later(比你晚一个月).
21	C	女的说"开始考试"以后，男的道歉说"我来晚了"，解释原因，应该是迟到。	After the woman declared the start of the exam, the man apologized for his late and explained the reason.

22	A	男的说"当然去"说明他一定会去。	The man said "sure", thus he certainly will go.
23	B	女的说"用电脑上网"，所以她在玩电脑。	The keyword is "电脑", which means "computer". She usually surfs on the internet by computer.
24	C	他们谈论"温度"与"刮风"，都和天气有关。	They talk about the temperature "温度" and wind "刮风", so the topic is weather.
25	C	他说"我怎么会离开你呢？"意思是他不会离开她。	What the man said is a rhetorical question "我怎么会离开你呢" indicates that he won't leave her.

第三部分

题号	答案	题解	Explanation
26	C	男的说"这也算运动呀？"意思是散步不算运动。	The man said "这也算运动呀" implies that he thinks walking should not be included in sports.
27	C	男的说"今天是星期六，不用上课"。所以是周末。	The man said "今天是星期六,不用上课". It's Saturday, so it is weekend.
28	B	导游说他们要"参观长城"。	The tour guide said that they would visit the Great Wall.
29	B	男的说"九点的航班"，女的说"还有两个小时"，所以应该是七点。	The man said "九点的航班", which means the plane leaves at 9:00, and the woman said there were still two hours before the plane taking off. So it's 7:00.
30	D	女的说男的的袜子"没有一双不破的"，意思说他的袜子全都穿坏了。	The woman said "没有一双不破的", which means that all the socks of the man are wore out.
31	B	男的问女的他的孩子"学习成绩怎么样"，所以应该是老师。	The man asked about the study of his child. So we can infer she is a teacher.
32	D	她问"哪里有宾馆"，又问价格，说明她可能想住宾馆。	The woman asked the location of "宾馆" and the price. We can know that she may want to find a hotel to stay.

33	B	女的说"我要打扮"，所以是因为打扮迟到的。	The woman said she needed to dress up(打扮), so she was late for the date.
34	A	女的说："你不是喜欢吃水果吗？"意思是说男的喜欢吃水果。	The woman said "你不是喜欢吃水果吗？"which means the man likes fruits.
35	B	男的说"你妈妈"，女的说"一家三口"，所以男的最有可能是她的爸爸。	The man mentioned "你妈妈", which is "your mother", and the girl said about "一家三口", so he is mostly the father.
36	A	女的说"怎么现在这么贵？"，说明以前比现在便宜。	The woman says why it is so expensive now, which implies that in the past the price was lower than it is now.
37	D	男的问她哪里不舒服，帮她检查、开药，所以是医生。	The man asked the sickness of the woman, inspected (检查) her and prescribed some medicine (开药), so he must be a doctor.
38	C	女的问他为什么要做这份工作，怎样做好，应该是招聘。	The woman asked why he applied for this job and how to do a good job, therefore, it is an interview.
39	D	男的让女的讲"当时的情况"，女的说她丢了钱包，男的要和超市联系，因此最有可能在警察局。	The man asked about what happened then and the woman said she lost her purse. Then the man would get in touch with the super market. So they are probably in police station.
40	C	女的说她想买放在花园里的桌子和椅子。	The woman said she wanted to buy tables and chairs for the garden.
41	B	男的说他好几种颜色的铅笔用完了，女的说可以借给他。	The man said that some colors of his pens had been used up, and the woman said that she could lend to him.
42	C	第一句话说明年他要去中国留学。	The first sentence says that he will go study in China.
43	D	女的说"我觉得数学既复杂又无聊，不像历史那么有意思"，所以她喜欢历史。	The girl said that she thought math was complex and boring, not as interesting as history, which implied that she liked history.

44	C	女的说"一杯果汁全洒在上面了"。	The woman says that the whole glass of juice was poured on his notebook.
45	D	男的说饭店"很干净，又安静，一点也不吵"。	The man said that the restaurant is clean and quiet.

2. 阅 读

第一部分

题号	答案	题解	Explanation
46	E	这个宾馆免费提供早饭。	Free breakfast will be provided in this hotel.
47	D	不同的国家有不同的茶文化，这些茶文化反映了不同民族的特点。	Different nations develop different tea cultures, which reflect different nation's characteristics.
48	C	他的病比较严重，需要打针。	His illness was comparatively serious, so he needed injections.
49	B	那男孩拒绝别人的批评。	The boy rejects other people's criticism.
50	A	有人怀疑这是广告。	Someone doubts it is an advertisement.
51	B	我完全信任她。	I trust her completely.
52	C	对不起，不允许。	Sorry, it's not allowed.
53	D	图书馆的规定是一个月。	It is one month according to the library regulations.
54	E	他对工作很负责。	He is very conscientious in his work.
55	F	怎么判断他们说得是真还是假？	How do you determine what they said was true or not?

第二部分

题号	答案	题解	Explanation
56	BCA	这所大学举办的"中国文化开放日"活动，吸引了百名当地人前来观看，活动一结束，很多观众马上要求报名参加他们的暑期班。	The Chinese Culture Demonstration Day held by this university attracted hundreds of local people. As soon as the demonstration ended, a number of visitors applied for the summer courses.

57	ABC	面对热爱汉语和中国文化的英国学生，他不仅给学生们提供了最大的帮助和支持，还表现出了一位中国友人对英国人民的深厚感情。	In face of British students who love Chinese language and culture, he ,as a Chinese friend, has not only offered as much help and support as he could, but also showed his profound friendship to the British people.
58	CAB	学好语言，能读懂一个民族的精神，而且通过语言的学习，还能丰富本民族的精神与文化。	To master a language is to read a nation's spirit. Through language learning, one can enrich his nation's spirit and culture.
59	BCA	对美国人来说，汉语的确是一门难学的外语，即使是对一些讲广东话的华人来说也是这样。	Mandarin is really a difficult foreign language to Americans, including the small percentage of ethnic Chinese whose dialect is Cantonese.
60	CAB	3年多来，只要是有利于中国文化在当地的发展，无论什么工作，他都努力做好。	In the past 3 years, he has tried his best to develop Chinese language and culture in the local communities. He worked hard no matter what kind of job it is.
61	ABC	对于学院的年轻教师，在严格工作管理的同时，他也会在生活上给他们一些鼓励和帮助。	At work, he is strict with the newcomers, but in daily life he tries his best to encourage and help them.
62	BCA	在过去10年中，中国已成为欧洲人旅游首先选择的国家之一，汉语也成为法国学校外语教学中排名第五的语言。	In the past 10 years, China has become one of the first destinations for European travelers, and the Chinese language has ranked the fifth among the foreign languages taught in French schools.
63	CBA	对于年轻人来说，学习汉语不仅对未来找工作有好处，而且可以让他们的生活更加丰富。	For many Russian youngsters, learning Chinese is a good thing not only for future jobs, but more importantly, to enrich their life.

| 64 | CAB | 那是 2012 年的一天，学校一位老师因为家里有事请假了，因为我成绩不错，学校就让我去代替那位老师给低年级上课。 | One day in 2012, one of the junior class teachers of our school had to take a leave because of family affairs. Since I was a good student, the school asked me to be the substitute teacher. |
| 65 | CBA | 你到底想成为什么样的人，我的答案有了，我就要做像我们中国老师那样的人，未来我就是要做一名优秀的汉语教师。 | What kind of person you want to be in the future? Now I have my answer: I want to be a person like our Chinese teachers. What I want to be in the future is an excellent teacher of Chinese. |

第三部分

题号	答案	题解	Explanation
66	D	她有"耐心"，做事"仔细"，说明她很认真，非常"友好"，"努力帮助每个人"说明她很热情。	She is patient, friendly and careful. "努力帮助每个人" implies that she does her best to help others, which shows that she is enthusiastic.
67	D	句中提到"在实际工作中"。	"在实际工作中" is the key phrase, which means "in practical work".
68	A	"在北京发展起来"说明京剧最早出现在北京。	"在北京发展起来" means it originate in Beijng.
69	B	第二个人说"带什么相机啊"，又说是人去看风景，不是相机，说明他反对带相机。	The second person said why we should take the camera, for it is us who see the scenery but not the camera. We can see that this person is against taking photos.
70	A	学校对面是饭馆，左边是银行，银行对面是超市，所以超市在饭馆的左边。	The restaurant is opposite to the school and the super market face the bank, which is on the left of the school. So the supermarket is on the left of the restaurant.
71	C	"比我们城里的大多了"说明我生活在城市。	"比我们城里的大多了" means "much bigger than that in our cities".

72	B	比赛中可以"学习新的知识"。	It says that in physic competitions, one can learn new things. "羡慕" is to envy, and "担心" is to be worried. "怀疑"means " to doubt".
73	B	女儿和朋友唱歌、跳舞"吵得邻居也休息不好"所以我才批评她。	I criticized my daughter because she and her friends sang and danced, disturbing the neighbors. They were too noisy.
74	D	成功的人"可以努力让自己轻松面对困难"，但他们"不是不会紧张，不会害怕"。	Successful people are not anxious or fear, but can cope with difficulties easily.
75	D	他"下雨的时候出去跑步"。	He runs when it rains.
76	C	最后一句话说因为他比较了解中国政治、文化和社会，所以顺利地找到了一份与中国有关的工作。	With his knowledge of China's politics, culture and society, he got a job connected with China successfully.
77	C	家具价格没有变，但是"去年买了很多"，所以不用买。	The price of furniture is the same, but I had bought a lot last year, so there is no need to buy.
78	D	更重要的是因为，对中国人来说，电影不光是一种娱乐，同时也在人们的生活中扮演着重要角色。	For Chinese, movies are not only a kind of entertainment, but also play a very important role in their lives.
79	D	西北的很多省"经常缺水"，所以是很干燥。	In northwest China, it lacks of water and is usually dry.
80	B	"尽管偶尔会有点骄傲"说明她不喜欢这一点。	"Although sometimes he is a little bit conceited".This sentence explains that it's his shortcomings, and she doesn't like that.
81	C	"主要是因为爱好不一样"，他们喜欢的东西不一样。	They have troubles in hobbies, because they like different things and do not like the hobbies of each other.
82	C	"不变的是风景，变化的是人生"。	The scenery seldom changes, but people feel different because of their individual experience. Thus it is life that always changing.

83	C	文中最后两句说"每个人的人生却大不同"，"变化的是人生"，所以人生是不相同的，也是一直变化的。	It says in the last two sentences that everyone's life is different from the others, and life is always changing, so the right answer should be C.
84	A	出国要准备很多东西，所以很麻烦。	Going abroad is annoying because one has to prepare a lot of things.
85	D	"国家之间的对话和交流变多"，世界变成地球村，所以出国会越来越简单。	It will be easier to go abroad because the communication between countries will be more frequent and the world will be one community.

3. 书写

第一部分

86. 你们两位都是英国人吗？

87. 这边是你住的地方。

88. 西红柿是我最爱吃的菜之一。

89. 他是一位高级翻译。

90. 欢迎来我家玩。

91. 你最好提前通知他。

92. 那件衣服值四百元。

93. 他后悔自己没有努力。

94. 她的字写得很好。

95. 别把钥匙到处乱放。

第二部分（参考答案）

96. 这儿真凉快！

97. 鞋子放得很整齐。

98. 他们正在考试。

99. 我喜欢吃巧克力。

100. 戴上试试吧！

附　录
新 HSK（四级）词汇（共 1 200 个）

A

āyí 1. 阿姨	bān 20. 搬	běn 41. 本
a 2. 啊	bàn 21. 半	běnlái 42. 本来
ǎi 3. 矮	bànfǎ 22. 办法	bèn 43. 笨
ài 4. 爱	bàngōngshì 23. 办公室	bízi 44. 鼻子
àihào 5. 爱好	bāngmáng 24. 帮忙	bǐ 45. 比
àiqíng 6. 爱情	bāngzhù 25. 帮助	bǐjiào 46. 比较
ānjìng 7. 安静	bāo 26. 包	bǐsài 47. 比赛
ānpái 8. 安排	bāokuò 27. 包括	bǐjìběn 48. 笔记本
ānquán 9. 安全	bǎo 28. 饱	bìxū 49. 必须
àn 10. 暗	bǎohù 29. 保护	bìyè 50. 毕业
ànshí 11. 按时	bǎozhèng 30. 保证	biàn 51. 遍
ànzhào 12. 按照	bào 31. 抱	biànhuà 52. 变化

B

	bàoqiàn 32. 抱歉	biāozhǔn 53. 标准
bā 13. 八	bàodào 33. 报道	biǎodá 54. 表达
bǎ 14. 把	bàomíng 34. 报名	biǎogé 55. 表格
bàba 15. 爸爸	bàozhǐ 35. 报纸	biǎoshì 56. 表示
ba 16. 吧	bēizi 36. 杯子	biǎoyǎn 57. 表演
bái 17. 白	běifāng 37. 北方	biǎoyáng 58. 表扬
bǎi 18. 百	běijīng 38. 北京	bié 59. 别
bān 19. 班	bèi 39. 倍	biéren 60. 别人
	bèi 40. 被	bīnguǎn 61. 宾馆

bīngxiāng
62. 冰箱

bǐnggān
63. 饼干

bìngqiě
64. 并且

bóshì
65. 博士

búdàn
66. 不但

búguò
67. 不过

búkèqi
68. 不客气

bù
69. 不

bùdébù
70. 不得不

bùguǎn
71. 不管

bùjǐn
72. 不仅

bùfen
73. 部分

C

cā
74. 擦

cāi
75. 猜

cái
76. 才

cáiliào
77. 材料

cài
78. 菜

càidān
79. 菜单

cānguān
80. 参观

cānjiā
81. 参加

cǎo
82. 草

céng
83. 层

chá
84. 茶

chà
85. 差

chàbuduō
86. 差不多

cháng
87. 尝

cháng
88. 长

chángchéng
89. 长城

chángjiāng
90. 长江

chǎng
91. 场

chànggē
92. 唱歌

chāoguò
93. 超过

chāoshì
94. 超市

chǎo
95. 吵

chènshān
96. 衬衫

chénggōng
97. 成功

chéngjì
98. 成绩

chéngshú
99. 成熟

chéngwéi
100. 成为

chéngshí
101. 诚实

chéngshì
102. 城市

chéngzuò
103. 乘坐

chī
104. 吃

chījīng
105. 吃惊

chídào
106. 迟到

chóngxīn
107. 重新

chōuyān
108. 抽烟

chū
109. 出

chūchāi
110. 出差

chūfā
111. 出发

chūshēng
112. 出生

chūxiàn
113. 出现

chūzūchē
114. 出租车

chúfáng
115. 厨房

chúle
116. 除了

chuān
117. 穿

chuán
118. 船

chuánzhēn
119. 传真

chuānghu
120. 窗户

chūn
121. 春

cídiǎn
122. 词典

cíyǔ
123. 词语

cì
124. 次

cōngming
125. 聪明

cóng
126. 从

cónglái
127. 从来

cūxīn
128. 粗心

cuò
129. 错

D

dáàn
130. 答案

dǎban
131. 打扮

dǎdiànhuà
132. 打电话

dǎlánqiú
133. 打篮球

dǎrǎo
134. 打扰

dǎsǎo 135. 打扫	dàochù 160. 到处	diànzǐ yóujiàn 185. 电子邮件
dǎsuàn 136. 打算	dàodǐ 161. 到底	diào 186. 掉
dǎyìn 137. 打印	dàoqiàn 162. 道歉	diàochá 187. 调查
dǎzhé 138. 打折	déyì 163. 得意	diū 188. 丢
dǎzhēn 139. 打针	de 164. 地	dōng 189. 冬
dà 140. 大	de 165. 的	dōng 190. 东
dàgài 141. 大概	de 166. 得	dōngxi 191. 东西
dàjiā 142. 大家	děi 167. 得	dǒng 192. 懂
dàshǐguǎn 143. 大使馆	dēng 168. 灯	dòngwù 193. 动物
dàyuē 144. 大约	děng 169. 等（动）	dòngzuò 194. 动作
dài 145. 带	děng 170. 等（助）	dōu 195. 都
dài 146. 戴	dī 171. 低	dú 196. 读
dàibiǎo 147. 代表	dǐ 172. 底	dǔchē 197. 堵车
dàitì 148. 代替	dìdi 173. 弟弟	dùzi 198. 肚子
dàifu 149. 大夫	dìfang 174. 地方	duǎn 199. 短
dānxīn 150. 担心	dìqiú 175. 地球	duàn 200. 段
dàngāo 151. 蛋糕	dìtiě 176. 地铁	duàn 201. 断
dànshì 152. 但是	dìtú 177. 地图	duànliàn 202. 锻炼
dāng 153. 当	dìzhǐ 178. 地址	duì 203. 对（形）
dāngdì 154. 当地	dìyī 179. 第一	duì 204. 对（介）
dāngrán 155. 当然	diǎn 180. 点	duìbuqǐ 205. 对不起
dāngshí 156. 当时	diànnǎo 181. 电脑	duìhuà 206. 对话
dāo 157. 刀	diànshì 182. 电视	duìmiàn 207. 对面
dǎoyóu 158. 导游	diàntī 183. 电梯	dùn 208. 顿
dào 159. 到	diànyǐng 184. 电影	duō 209. 多

duōme
210. 多么

duōshao
211. 多少

duǒ
212. 朵

E

è
213. 饿

ér
214. 而

érqiě
215. 而且

értóng
216. 儿童

érzi
217. 儿子

ěrduo
218. 耳朵

èr
219. 二

F

fā
220. 发

fāshāo
221. 发烧

fāshēng
222. 发生

fāxiàn
223. 发现

fāzhǎn
224. 发展

fǎlǜ
225. 法律

fānyì
226. 翻译

fánnǎo
227. 烦恼

fǎnduì
228. 反对

fǎnyìng
229. 反映

fànguǎn
230. 饭馆

fànwéi
231. 范围

fāngbiàn
232. 方便

fāngfǎ
233. 方法

fāngmiàn
234. 方面

fāngxiàng
235. 方向

fángjiān
236. 房间

fǎngwèn
237. 访问

fàng
238. 放

fàngqì
239. 放弃

fàng shǔjià
240. 放暑假

fàngxīn
241. 放心

fēicháng
242. 非常

fēijī
243. 飞机

fēn
244. 分

fēnzhī
245. ……分之……

fēnzhōng
246. 分钟

fèn
247. 份

fēngfù
248. 丰富

fēngjǐng
249. 风景

fǒuzé
250. 否则

fúhé
251. 符合

fúwùyuán
252. 服务员

fù
253. 富

fùjìn
254. 附近

fùqīn
255. 父亲

fùxí
256. 复习

fùyìn
257. 复印

fùzá
258. 复杂

fùzé
259. 负责

G

gǎibiàn
260. 改变

gānbēi
261. 干杯

gānjìng
262. 干净

gānzào
263. 干燥

gǎn
264. 敢

gǎndòng
265. 感动

gǎnjué
266. 感觉

gǎnmào
267. 感冒

gǎnqíng
268. 感情

gǎnxiè
269. 感谢

gàn
270. 干

gāngcái
271. 刚才

gānggāng
272. 刚刚

gāo
273. 高

gāojí
274. 高级

gāoxìng
275. 高兴

gàosu
276. 告诉

gēge
277. 哥哥

gè
278. 各

gè
279. 个

gèzi
280. 个子

gěi
281. 给

gēn 282. 跟	guānjiàn 307. 关键	hàipà 331. 害怕
gēnjù 283. 根据	guānxì 308. 关系	hàixiū 332. 害羞
gèng 284. 更	guānxīn 309. 关心	hánjià 333. 寒假
gōnggòngqìchē 285. 公共汽车	guānyú 310. 关于	hàn 334. 汗
gōngjīn 286. 公斤	guānzhòng 311. 观众	hànyǔ 335. 汉语
gōnglǐ 287. 公里	guǎnlǐ 312. 管理	hángbān 336. 航班
gōngsī 288. 公司	guāng 313. 光	hǎo 337. 好
gōngyuán 289. 公园	guǎngbō 314. 广播	hǎochī 338. 好吃
gōngjù 290. 工具	guǎnggào 315. 广告	hǎochù 339. 好处
gōngzī 291. 工资	guàng 316. 逛	hǎoxiàng 340. 好像
gōngzuò 292. 工作	guīdìng 317. 规定	hào 341. 号
gòngtóng 293. 共同	guì 318. 贵	hàomǎ 342. 号码
gǒu 294. 狗	guójì 319. 国际	hē 343. 喝
gòu 295. 够	guójiā 320. 国家	hé 344. 和
gòuwù 296. 购物	guǒrán 321. 果然	hé 345. 河
gūdān 297. 孤单	guǒzhī 322. 果汁	hégé 346. 合格
gūjì 298. 估计	guò 323. 过（动）	héshì 347. 合适
gǔlì 299. 鼓励	guo 324. 过（助）	hézi 348. 盒子
gǔzhǎng 300. 鼓掌	guòchéng 325. 过程	hēi 349. 黑
gùkè 301. 顾客	guòqù 326. 过去	hēibǎn 350. 黑板
gùshi 302. 故事		hěn 351. 很
gùyì 303. 故意	**H**	hóng 352. 红
guāfēng 304. 刮风	hái 327. 还	hóuzi 353. 猴子
guà 305. 挂	háishì 328. 还是	hòu 354. 厚
guān 306. 关	háizi 329. 孩子	hòuhuǐ 355. 后悔
	hǎiyáng 330. 海洋	

	hòulái		huòdé		jiā
356.	后来	381.	获得	405.	家
	hòumiàn		huòzhě		jiājù
357.	后面	382.	或者	406.	家具
	hūrán				jiābān
358.	忽然	**J**		407.	加班
	hùshi		jīchǎng		jiāyóuzhàn
359.	护士	383.	机场	408.	加油站
	hùzhào		jīhuì		jiǎ
360.	护照	384.	机会	409.	假
	hùxiāng		jīchǔ		jiàgé
361.	互相	385.	基础	410.	价格
	huā		jīdàn		jiānchí
362.	花（动）	386.	鸡蛋	411.	坚持
	huāyuán		jīdòng		jiǎnchá
363.	花园	387.	激动	412.	检查
	huà		jīhū		jiǎndān
364.	画	388.	几乎	413.	简单
	huáiyí		jījí		jiǎnféi
365.	怀疑	389.	积极	414.	减肥
	huài		jīlěi		jiǎnshǎo
366.	坏	390.	积累	415.	减少
	huānyíng		jí		jiàn
367.	欢迎	391.	极	416.	件
	huán		jíqí		jiànkāng
368.	还	392.	极其	417.	健康
	huánjìng		jíhé		jiànmiàn
369.	环境	393.	集合	418.	见面
	huàn		jíshí		jiānglái
370.	换	394.	及时	419.	将来
	huáng		jíshǐ		jiǎng
371.	黄	395.	即使	420.	讲
	huí		jǐ		jiǎngjīn
372.	回	396.	几	421.	奖金
	huídá		jì		jiàngdī
373.	回答	397.	寄	422.	降低
	huíyì		jìde		jiāo
374.	回忆	398.	记得	423.	教
	huì		jìzhě		jiāo
375.	会	399.	记者	424.	交
	huìyì		jìhuà		jiāoliú
376.	会议	400.	计划	425.	交流
	huódòng		jìjié		jiāotōng
377.	活动	401.	季节	426.	交通
	huópō		jìrán		jiāoào
378.	活泼	402.	既然	427.	骄傲
	huǒ		jìshù		jiǎo
379.	火	403.	技术	428.	角
	huǒchēzhàn		jìxù		jiǎo
380.	火车站	404.	继续	429.	脚

jiǎozi 430. 饺子	jìnzhǐ 455. 禁止	juédìng 480. 决定
jiào 431. 叫	jīngcǎi 456. 精彩	**K**
jiàoshì 432. 教室	jīngshén 457. 精神	kāfēi 481. 咖啡
jiàoshòu 433. 教授	jīngcháng 458. 经常	kāi 482. 开
jiàoyù 434. 教育	jīngguò 459. 经过	kāishǐ 483. 开始
jiē 435. 接	jīngjì 460. 经济	kāi wánxiào 484. 开玩笑
jiēshòu 436. 接受	jīnglǐ 461. 经理	kàn 485. 看
jiēdào 437. 街道	jīnglì 462. 经历	kànfǎ 486. 看法
jiéguǒ 438. 结果	jīngyàn 463. 经验	kànjiàn 487. 看见
jiéhūn 439. 结婚	jīngjù 464. 京剧	kǎolǜ 488. 考虑
jiéshù 440. 结束	jǐngchá 465. 警察	kǎoshì 489. 考试
jiémù 441. 节目	jìngrán 466. 竟然	kē 490. 棵
jiérì 442. 节日	jìngzhēng 467. 竞争	kēxué 491. 科学
jiéyuē 443. 节约	jìngzi 468. 镜子	késòu 492. 咳嗽
jiějie 444. 姐姐	jiūjìng 469. 究竟	kě 493. 渴
jiějué 445. 解决	jiǔ 470. 九	kěài 494. 可爱
jiěshì 446. 解释	jiǔ 471. 久	kělián 495. 可怜
jiè 447. 借	jiù 472. 旧	kěnéng 496. 可能
jièshào 448. 介绍	jiù 473. 就	kěshì 497. 可是
jīntiān 449. 今天	jǔbàn 474. 举办	kěxī 498. 可惜
jǐnguǎn 450. 尽管	jǔxíng 475. 举行	kěyǐ 499. 可以
jǐnzhāng 451. 紧张	jùjué 476. 拒绝	kè 500. 刻
jìn 452. 近	jùlí 477. 距离	kè 501. 课
jìn 453. 进	jùzi 478. 句子	kèrén 502. 客人
jìnxíng 454. 进行	juéde 479. 觉得	kěndìng 503. 肯定

kōngqì 504. 空气	làngmàn 528. 浪漫	liángkuai 553. 凉快
kōngtiáo 505. 空调	lǎo 529. 老	liǎng 554. 两
kǒngpà 506. 恐怕	lǎohǔ 530. 老虎	liàng 555. 亮
kǒu 507. 口	lǎoshī 531. 老师	liàng 556. 辆
kū 508. 哭	le 532. 了	liáotiān 557. 聊天
kǔ 509. 苦	lèi 533. 累	liǎojiě 558. 了解
kùzi 510. 裤子	lěng 534. 冷	línjū 559. 邻居
kuài 511. 块	lěngjìng 535. 冷静	líng 560. 零
kuài 512. 快	lí 536. 离	lìngwài 561. 另外
kuàilè 513. 快乐	líkāi 537. 离开	liú 562. 留
kuàizi 514. 筷子	lǐ 538. 里	liúxué 563. 留学
kuān 515. 宽	lǐfà 539. 理发	liúlèi 564. 流泪
kùn 516. 困	lǐjiě 540. 理解	liúlì 565. 流利
kùnnan 517. 困难	lǐxiǎng 541. 理想	liúxíng 566. 流行
kuòdà 518. 扩大	lǐmào 542. 礼貌	liù 567. 六
	lǐwù 543. 礼物	lóu 568. 楼
L	lìhài 544. 厉害	lù 569. 路
lā 519. 拉	lìqi 545. 力气	luàn 570. 乱
lājītǒng 520. 垃圾桶	lìrú 546. 例如	lǚyóu 571. 旅游
là 521. 辣	lìshǐ 547. 历史	lǜ 572. 绿
lái 522. 来	liǎ 548. 俩	lǜshī 573. 律师
láibují 523. 来不及	lián 549. 连	
láidejí 524. 来得及	liánxì 550. 联系	**M**
lán 525. 蓝	liǎn 551. 脸	māma 574. 妈妈
lǎn 526. 懒	liànxí 552. 练习	máfan 575. 麻烦
làngfèi 527. 浪费		mǎ 576. 马

mǎhu 577. 马虎	mínzú 602. 民族	niánjí 626. 年级
mǎshàng 578. 马上	míngbai 603. 明白	niánlíng 627. 年龄
ma 579. 吗	míngtiān 604. 明天	niánqīng 628. 年轻
mǎi 580. 买	míngzi 605. 名字	niǎo 629. 鸟
mài 581. 卖	mǔqīn 606. 母亲	nín 630. 您
mǎn 582. 满	mùdì 607. 目的	niúnǎi 631. 牛奶
mǎnyì 583. 满意	**N**	nóngcūn 632. 农村
màn 584. 慢	ná 608. 拿	nòng 633. 弄
máng 585. 忙	nǎ nǎr 609. 哪（哪儿）	nǔlì 634. 努力
māo 586. 猫	nà nàr 610. 那（那儿）	nuǎnhuo 635. 暖和
máojīn 587. 毛巾	nǎinai 611. 奶奶	nǚér 636. 女儿
màozi 588. 帽子	nàixīn 612. 耐心	nǚrén 637. 女人
méi 589. 没	nán 613. 南	**O**
méiguānxi 590. 没关系	nán 614. 难	ǒuěr 638. 偶尔
měi 591. 每	nándào 615. 难道	**P**
měilì 592. 美丽	nánguò 616. 难过	páshān 639. 爬山
mèimei 593. 妹妹	nánshòu 617. 难受	páiliè 640. 排列
mén 594. 门	nánrén 618. 男人	pánzi 641. 盘子
mèng 595. 梦	ne 619. 呢	pànduàn 642. 判断
mǐ 596. 米	nèi 620. 内	pángbiān 643. 旁边
mǐfàn 597. 米饭	nèiróng 621. 内容	pàng 644. 胖
mìmǎ 598. 密码	néng 622. 能	pǎobù 645. 跑步
miǎnfèi 599. 免费	nénglì 623. 能力	péi 646. 陪
miànbāo 600. 面包	nǐ 624. 你	péngyou 647. 朋友
miàntiáo 601. 面条	nián 625. 年	pīpíng 648. 批评

pífū 649. 皮肤	qǐchuáng 673. 起床	qūbié 698. 区别
píjiǔ 650. 啤酒	qǐfēi 674. 起飞	qǔ 699. 取
píqi 651. 脾气	qǐlái 675. 起来	qù 700. 去
piān 652. 篇	qìhòu 676. 气候	qùnián 701. 去年
piányi 653. 便宜	qiān 677. 千	quánbù 702. 全部
piàn 654. 骗	qiānwàn 678. 千万	quēdiǎn 703. 缺点
piào 655. 票	qiānbǐ 679. 铅笔	quēshǎo 704. 缺少
piàoliang 656. 漂亮	qiānzhèng 680. 签证	què 705. 却
pīngpāngqiú 657. 乒乓球	qián 681. 钱	quèshí 706. 确实
píngguǒ 658. 苹果	qiánmiàn 682. 前面	qún 707. 群
píngshí 659. 平时	qiáng 683. 墙	qúnzi 708. 裙子
píngzi 660. 瓶子	qiāo 684. 敲	**R**
pò 661. 破	qiáo 685. 桥	ránér 709. 然而
pútao 662. 葡萄	qiǎokèlì 686. 巧克力	ránhòu 710. 然后
pǔbiàn 663. 普遍	qīnqi 687. 亲戚	ràng 711. 让
pǔtōnghuà 664. 普通话	qīng 688. 轻	rè 712. 热
	qīngsōng 689. 轻松	rènao 713. 热闹
Q	qīngchu 690. 清楚	rèqíng 714. 热情
qī 665. 七	qíng 691. 晴	rén 715. 人
qīzi 666. 妻子	qíngkuàng 692. 情况	rénmínbì 716. 人民币
qí 667. 骑	qǐng 693. 请	rènhé 717. 任何
qícì 668. 其次	qǐngjià 694. 请假	rènwù 718. 任务
qíshí 669. 其实	qǐngkè 695. 请客	rènshi 719. 认识
qítā 670. 其他	qióng 696. 穷	rènwéi 720. 认为
qízhōng 671. 其中	qiū 697. 秋	rènzhēn 721. 认真
qíguài 672. 奇怪		

rēng 722. 扔	shēn 746. 深	shǐ 771. 使
réngrán 723. 仍然	shēnqǐng 747. 申请	shǐyòng 772. 使用
rì 724. 日	shēntǐ 748. 身体	shì 773. 是
rìjì 725. 日记	shénme 749. 什么	shì 774. 试
róngyì 726. 容易	shènzhì 750. 甚至	shìchǎng 775. 市场
rúguǒ 727. 如果	shēngbìng 751. 生病	shìhé 776. 适合
rùkǒu 728. 入口	shēnghuó 752. 生活	shìyìng 777. 适应
ruǎn 729. 软	shēngmìng 753. 生命	shìjì 778. 世纪
S	shēngqì 754. 生气	shìjiè 779. 世界
sān 730. 三	shēngrì 755. 生日	shìqing 780. 事情
sǎn 731. 伞	shēngyīn 756. 声音	shōu 781. 收
sànbù 732. 散步	shěng 757. 省	shōurù 782. 收入
sēnlín 733. 森林	shèng 758. 剩	shōushi 783. 收拾
shāfā 734. 沙发	shībài 759. 失败	shǒubiǎo 784. 手表
shāngdiàn 735. 商店	shīwàng 760. 失望	shǒujī 785. 手机
shāngliang 736. 商量	shīfu 761. 师傅	shǒudū 786. 首都
shāngxīn 737. 伤心	shīrùn 762. 湿润	shǒuxiān 787. 首先
shàng 738. 上	shīzi 763. 狮子	shòu 788. 瘦
shàngbān 739. 上班	shí 764. 十	shòubuliǎo 789. 受不了
shàngwǎng 740. 上网	shífēn 765. 十分	shòudào 790. 受到
shàngwǔ 741. 上午	shíhou 766. 时候	shòuhuòyuán 791. 售货员
shāowēi 742. 稍微	shíjiān 767. 时间	shū 792. 书
shǎo 743. 少	shíjì 768. 实际	shū 793. 输
shèhuì 744. 社会	shízài 769. 实在	shūfu 794. 舒服
shéi 745. 谁	shípǐn 770. 食品	shūshu 795. 叔叔

796. shúxī
熟悉

797. shù
树

798. shùliàng
数量

799. shùxué
数学

800. shùzì
数字

801. shuā yá
刷牙

802. shuài
帅

803. shuāng
双

804. shuǐ
水

805. shuǐguǒ
水果

806. shuǐpíng
水平

807. shuìjiào
睡觉

808. shùnbiàn
顺便

809. shùnlì
顺利

810. shùnxù
顺序

811. shuōhuà
说话

812. shuōmíng
说明

813. shuòshì
硕士

814. sījī
司机

815. sǐ
死

816. sì
四

817. sòng
送

818. sùdù
速度

819. sùliàodài
塑料袋

820. suān
酸

821. suàn
算

822. suīrán
虽然

823. suíbiàn
随便

824. suízhe
随着

825. suì
岁

826. sūnzi
孙子

827. suǒyǐ
所以

828. suǒyǒu
所有

T

829. tā
他

830. tā
她

831. tā
它

832. tái
台

833. tái
抬

834. tài
太

835. tàiyáng
太阳

836. tàidu
态度

837. tán
谈

838. tángāngqín
弹钢琴

839. tāng
汤

840. táng
糖

841. tǎng
躺

842. tàng
趟

843. tǎolùn
讨论

844. tǎoyàn
讨厌

845. tèbié
特别

846. tèdiǎn
特点

847. téng
疼

848. tī zúqiú
踢足球

849. tí
题

850. tígāo
提高

851. tígōng
提供

852. tíqián
提前

853. tíxǐng
提醒

854. tǐyù
体育

855. tiānqì
天气

856. tián
甜

857. tiánkòng
填空

858. tiáo
条

859. tiáojiàn
条件

860. tiàowǔ
跳舞

861. tīng
听

862. tíngzhǐ
停止

863. tǐng
挺

864. tōngguò
通过

865. tōngzhī
通知

866. tóngqíng
同情

867. tóngshì
同事

868. tóngxué
同学

869. tóngyì
同意

tóufa 870. 头发	wèi 894. 为	xǐ 918. 洗
tūrán 871. 突然	wèile 895. 为了	xǐshǒujiān 919. 洗手间
túshūguǎn 872. 图书馆	wèishénme 896. 为什么	xǐyījī 920. 洗衣机
tuī 873. 推	wèidào 897. 味道	xǐzǎo 921. 洗澡
tuīchí 874. 推迟	wēndù 898. 温度	xǐhuan 922. 喜欢
tuǐ 875. 腿	wénhuà 899. 文化	xià 923. 夏
tuō 876. 脱	wénzhāng 900. 文章	xià 924. 下
W	wèn 901. 问	xiàwǔ 925. 下午
wàzi 877. 袜子	wèntí 902. 问题	xià yǔ 926. 下雨
wài 878. 外	wǒ 903. 我	xiān 927. 先
wán 879. 玩	wǒmen 904. 我们	xiānsheng 928. 先生
wán 880. 完	wòshǒu 905. 握手	xián 929. 咸
wánchéng 881. 完成	wūrǎn 906. 污染	xiàndài 930. 现代
wánquán 882. 完全	wú 907. 无	xiànzài 931. 现在
wǎn 883. 碗	wúliáo 908. 无聊	xiànmù 932. 羡慕
wǎnshang 884. 晚上	wúlùn 909. 无论	xiànzhì 933. 限制
wàn 885. 万	wǔ 910. 五	xiāng 934. 香
wǎng 886. 往	wùhuì 911. 误会	xiāngjiāo 935. 香蕉
wǎngwǎng 887. 往往	**X**	xiāngfǎn 936. 相反
wǎngqiú 888. 网球	xī 912. 西	xiāngtóng 937. 相同
wǎngzhàn 889. 网站	xīguā 913. 西瓜	xiāngxìn 938. 相信
wàngjì 890. 忘记	xīhóngshì 914. 西红柿	xiángxì 939. 详细
wēixiǎn 891. 危险	xīwàng 915. 希望	xiǎng 940. 响
wèi 892. 喂	xīyǐn 916. 吸引	xiǎng 941. 想
wèi 893. 位	xíguàn 917. 习惯	xiàng 942. 向

xiàng 943. 像	xīngqī 968. 星期	yán 992. 盐
xiāoxi 944. 消息	xíng 969. 行	yángé 993. 严格
xiǎo 945. 小	xínglixiāng 970. 行李箱	yánzhòng 994. 严重
xiǎojiě 946. 小姐	xǐng 971. 醒	yánjiūshēng 995. 研究生
xiǎoshí 947. 小时	xìng 972. 姓	yánsè 996. 颜色
xiǎoshuō 948. 小说	xìngbié 973. 性别	yǎnchū 997. 演出
xiǎoxīn 949. 小心	xìnggé 974. 性格	yǎnyuán 998. 演员
xiào 950. 笑	xìngfú 975. 幸福	yǎnjìng 999. 眼镜
xiàohua 951. 笑话	xìngqù 976. 兴趣	yǎnjing 1000. 眼睛
xiàoguǒ 952. 效果	xióngmāo 977. 熊猫	yángguāng 1001. 阳光
xiàozhǎng 953. 校长	xiū 978. 修	yángròu 1002. 羊肉
xiē 954. 些	xiūxi 979. 休息	yǎngchéng 1003. 养成
xié 955. 鞋	xūyào 980. 需要	yàngzi 1004. 样子
xiě 956. 写	xǔduō 981. 许多	yāoqǐng 1005. 邀请
xièxie 957. 谢谢	xuǎnzé 982. 选择	yāoqiú 1006. 要求
xīn 958. 新	xuésheng 983. 学生	yào 1007. 要
xīnwén 959. 新闻	xuéxí 984. 学习	yào 1008. 药
xīnxiān 960. 新鲜	xuéxiào 985. 学校	yàoshi 1009. 钥匙
xīnkǔ 961. 辛苦	xuě 986. 雪	yéye 1010. 爷爷
xīnqíng 962. 心情	xuè 987. 血	yě 1011. 也
xìn 963. 信	Y	yěxǔ 1012. 也许
xìnrèn 964. 信任	yālì 988. 压力	yè 1013. 页
xìnxīn 965. 信心	yágāo 989. 牙膏	yèzi 1014. 叶子
xìnyòngkǎ 966. 信用卡	yàzhōu 990. 亚洲	yī 1015. 一
xīngfèn 967. 兴奋	ya 991. 呀	yīfu 1016. 衣服

yīshēng 1017. 医生	yínháng 1042. 银行	yòubian 1067. 右边
yīyuàn 1018. 医院	yǐnliào 1043. 饮料	yú 1068. 鱼
yídìng 1019. 一定	yǐnqǐ 1044. 引起	yúkuài 1069. 愉快
yígòng 1020. 一共	yìnxiàng 1045. 印象	yúshì 1070. 于是
yíhuìr 1021. 一会儿	yīnggāi 1046. 应该	yǔ 1071. 与
yíqiè 1022. 一切	yíng 1047. 赢	yǔfǎ 1072. 语法
yíyàng 1023. 一样	yǐngxiǎng 1048. 影响	yǔyán 1073. 语言
yǐ 1024. 以	yìng 1049. 硬	yǔmáoqiú 1074. 羽毛球
yǐhòu 1025. 以后	yǒnggǎn 1050. 勇敢	yùdào 1075. 遇到
yǐqián 1026. 以前	yǒngyuǎn 1051. 永远	yùxí 1076. 预习
yǐwéi 1027. 以为	yòng 1052. 用	yuán 1077. 元
yǐjīng 1028. 已经	yōudiǎn 1053. 优点	yuán 1078. 圆
yǐzi 1029. 椅子	yōuxiù 1054. 优秀	yuánlái 1079. 原来
yì 1030. 亿	yōumò 1055. 幽默	yuánliàng 1080. 原谅
yìbān 1031. 一般	yóu 1056. 由	yuányīn 1081. 原因
yìbiān 1032. 一边	yóuyú 1057. 由于	yuǎn 1082. 远
yìqǐ 1033. 一起	yóuqí 1058. 尤其	yuànyì 1083. 愿意
yìzhí 1034. 一直	yóuxì 1059. 游戏	yuēhuì 1084. 约会
yìjiàn 1035. 意见	yóuyǒng 1060. 游泳	yuè 1085. 越
yìsi 1036. 意思	yǒu 1061. 有	yuè 1086. 月
yìshù 1037. 艺术	yǒumíng 1062. 有名	yuèliang 1087. 月亮
yīn 1038. 阴	yǒuqù 1063. 有趣	yuèdú 1088. 阅读
yīncǐ 1039. 因此	yǒuhǎo 1064. 友好	yún 1089. 云
yīnwèi 1040. 因为	yǒuyì 1065. 友谊	yǔnxǔ 1090. 允许
yīnyuè 1041. 音乐	yòu 1066. 又	yùndòng 1091. 运动

Z

zázhì
1092. 杂志

zài
1093. 在

zài
1094. 再

zàijiàn
1095. 再见

zánmen
1096. 咱们

zànshí
1097. 暂时

zāng
1098. 脏

zǎoshang
1099. 早上

zérèn
1100. 责任

zěnme
1101. 怎么

zěnmeyàng
1102. 怎么样

zēngjiā
1103. 增加

zēngzhǎng
1104. 增长

zhǎi
1105. 窄

zhàn
1106. 站

zhāng
1107. 张

zhǎng
1108. 长

zhàngfu
1109. 丈夫

zhāopìn
1110. 招聘

zháojí
1111. 着急

zhǎo
1112. 找

zhàogù
1113. 照顾

zhàopiàn
1114. 照片

zhàoxiàngjī
1115. 照相机

zhè   zhèr
1116. 这（这儿）

zhe
1117. 着

zhēn
1118. 真

zhēnzhèng
1119. 真正

zhěnglǐ
1120. 整理

zhěngqí
1121. 整齐

zhèngcháng
1122. 正常

zhènghǎo
1123. 正好

zhèngquè
1124. 正确

zhèngshì
1125. 正式

zhèngzài
1126. 正在

zhèngmíng
1127. 证明

zhī
1128. 之

zhī
1129. 只

zhīchí
1130. 支持

zhīdào
1131. 知道

zhīshi
1132. 知识

zhídé
1133. 值得

zhíjiē
1134. 直接

zhíwù
1135. 植物

zhíyè
1136. 职业

zhǐ
1137. 指

zhǐ
1138. 只

zhǐhǎo
1139. 只好

zhǐyào
1140. 只要

zhìliàng
1141. 质量

zhìshǎo
1142. 至少

zhìzào
1143. 制造

zhōngguó
1144. 中国

zhōngjiān
1145. 中间

zhōngwén
1146. 中文

zhōngwǔ
1147. 中午

zhōngyú
1148. 终于

zhǒng
1149. 种

zhòngdiǎn
1150. 重点

zhòngshì
1151. 重视

zhòngyào
1152. 重要

zhōumò
1153. 周末

zhōuwéi
1154. 周围

zhū
1155. 猪

zhújiàn
1156. 逐渐

zhǔdòng
1157. 主动

zhǔyào
1158. 主要

zhǔyì
1159. 主意

zhù
1160. 住

zhù
1161. 祝

zhùhè
1162. 祝贺

zhùmíng
1163. 著名

zhùyì
1164. 注意

zhuānmén
1165. 专门

zhuānyè
1166. 专业
zhuàn
1167. 赚
zhuàng
1168. 撞
zhǔnbèi
1169. 准备
zhǔnquè
1170. 准确
zhǔnshí
1171. 准时
zhuōzi
1172. 桌子
zǐxì
1173. 仔细
zì
1174. 字
zìdiǎn
1175. 字典
zìjǐ
1176. 自己
zìrán
1177. 自然

zìxíngchē
1178. 自行车
zǒngjié
1179. 总结
zǒngshì
1180. 总是
zǒu
1181. 走
zū
1182. 租
zǔchéng
1183. 组成
zǔzhī
1184. 组织
zuǐ
1185. 嘴
zuì
1186. 最
zuìhǎo
1187. 最好
zuìhòu
1188. 最后
zuìjìn
1189. 最近

zūnzhòng
1190. 尊重
zuótiān
1191. 昨天
zuǒbian
1192. 左边
zuò
1193. 坐
zuò
1194. 做
zuòshēngyi
1195. 做生意
zuò
1196. 座
zuòwèi
1197. 座位
zuòyè
1198. 作业
zuòyòng
1199. 作用
zuòzhě
1200. 作者

新 HSK（四级）新增 600 词*

名词

爱护	保护	保证	报名	抱
比如	毕	业	**表示**	**表演**
表扬	不管	擦	猜	参观
尝	超过	成为	乘坐	抽烟
出差	出发	出生	**出现**	**存**
打扮	打扰	打印	**打招呼**	打折
打针	戴	**倒**	道歉	掉
丢	堵车	发生	发展	反对
放弃	放暑假	**放松**	符合	**付款**
负责	复印	改变	干杯	**赶**
敢	感动	购物	估计	鼓励
挂	管理	逛	后悔	怀疑
获得	积累	继续	寄	加班
坚持	减肥	减少	降低	**降落**
交	交流	接受	**接着**	节约
解释	进行	禁止	竞争	**举**
举办	**举行**	拒绝	开玩笑	考虑
咳嗽	拉	**来自**	浪费	理发
理解	例如	联系	留	流行

---

* 请多关注黑体字词语，它们是2012年新增加的词语。
Please pay more attention to the bold words, they are the new added words of the 2012 version.

旅行	**迷路**	弄	**排队**	排列
判断	陪	批评	骗	敲
取	缺少	扔	散步	商量
申请	剩	失败	**使**	使用
适应	收	收拾	受不了	受到
输	熟悉	说明	死	抬
谈	弹钢琴	躺	讨论	**提**
提供	提前	**提醒**	填空	调查
停	通过	通知	同情	推
推迟	脱	污染	无	误会
吸引	羡慕	醒	**修理**	研究
养成	邀请	**以为**	引起	赢
应聘	预习	原谅	阅读	允许
增加	预习	原谅	阅读	允许
增加	**占线**	招聘	**照**	整理
证明	支持	值得	指	重视
祝贺	**转**	赚	总结	租
尊重	来不及	来得及		

动词 & 副词：够

动词 & 名词：安排　成功　翻译　感觉　感谢　规定
　　　　　　　　回忆　计划　**建议**　教育　经历　约会

形容词和副词：大概　光

动词 & 形容词：讨厌

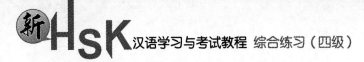

形容词：

棒	抱歉	笨	诚实	吃惊
粗心	得意	**低**	丰富	复杂
富	干	共同	国际	害羞
行	合格	合适	厚	活泼
积极	激动	假	骄傲	紧张
精彩	开心	可怜	可惜	空
苦	困	辣	**懒**	浪漫
冷静	厉害	凉快	另外	流利
乱	马虎	满	美丽	免费
难受	暖和	破	普遍	轻
轻松	穷	热闹	伤心	深
失望	实在	适合	帅	顺利
酸	随便	所有	危险	无聊
咸	香	相反	**相同**	详细
响	辛苦	兴奋	严格	严重
勇敢	优秀	幽默	友好	有趣
愉快	仔细	**自信**	脏	真正
正常	正好	正确	正式	直接
重	著名	准确	准时	自然

形容词 & 副词：及时

动词

百分之	**包子**	表格	饼干	博士
部分	材料	**餐厅**	**厕所**	**厨房**
传真	窗户	词语	错误	答案
大夫	大使馆	当时	刀	导游

登机牌	底	**地点**	地球	地址
动作	肚子	**短信**	对话	对面
儿童	法律	烦恼	方法	方面
方向	**房东**	父亲	感情	**高速公路**
胳膊	工资	功夫	顾客	观众
广播	广告	国籍	果汁	过程
海洋	寒假	汗	航班	好处
号码	盒子	**互联网**	护士	活动
基础	记者	技术	加油站	家具
价格	来	奖金	交通	**郊区**
饺子	教授	结果	京剧	经济
经验	**景色**	警察	镜子	距离
聚会	看法	**烤鸭**	科学	**客厅**
空气	**矿泉水**	困难	垃圾桶	老虎
礼拜天	礼貌	理想	力气	**零钱**
律师	毛巾	梦	密码	民族
母亲	目的	耐心	内	内容
能力	年龄	皮肤	脾气	乒乓球
平时	**葡萄**	**普通话**	气候	签证
桥	巧克力	亲戚	情况	区别
全部	缺点	任务	日记	入口
森林	沙发	**勺子**	社会	生活
生命	生意	省	师傅	实际
世纪	收入	首都	售货员	数量
数字	顺序	硕士	速度	塑料袋
孙子	态度	汤	**糖**	特点
条件	袜子	网球	网站	**卫生间**
味道	温度	文章	西红柿	**现金**

橡皮	消息	**小吃**	**小伙子**	小说
笑话	效果	心情	**信封**	**信息**
信心	性别	性格	**学期**	压力
牙膏	亚洲	盐	演出	**眼镜**
演员	阳光	样子	钥匙	叶子
一切	艺术	意见	印象	优点
邮局	友谊	羽毛球	语法	语言
原因	云	杂志	暂时	责任
长城	长江	知识	职业	植物
质量	重点	周围	主意	专业
左右	**作家**	**作用**	作者	座位

名词 & 动词 & 形容词：麻烦

名词 & 形容词：关键　　火　　安全　　标准　　幸福

名词 & 形容词 & 副词：光

名词 & 连词：同时

名词 & 量词：毛

副词

按时	本来	不得不	差不多	重新
从来	大概	大约	到处	到底
刚	故意	好像	互相	究竟
竟然	肯定	恐怕	连	难道
偶尔	千万	确实	仍然	稍微
甚至	十分	**是否**	首先	顺便
挺	完全	往往	也许	永远
尤其	原来	只好	只要	至少
专门	最好			

兼连词：不过　　　　不仅　　　　首先

介词：按照　　**对于**　　随着　　以　　由　　由于　　与

介词 & 动词：当

连词：并且　　不过　　不仅　　而　　否则　　即使　　既然
　　　　尽管　　可是　　却　　然而　　无论　　**要是**　　因此
　　　　于是

代词：各　　其次　　其中　　任何　　咱们　　之

量词：倍　　遍　　场　　份　　公里　　节　　棵　　**秒**　篇
　　　　台　　趟　　页　　座

数词：俩　　许多

叹词：哎　　呀

助词：等

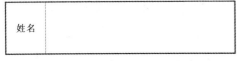

新 HSK（四级）答题卡

新 汉 语 水 平 考 试
HSK（四级）答题卡

姓名		

国籍	[0] [1] [2] [3] [4] [5] [6] [7] [8] [9]
	[0] [1] [2] [3] [4] [5] [6] [7] [8] [9]
	[0] [1] [2] [3] [4] [5] [6] [7] [8] [9]

性别	男 [1] 女 [2]

序号	[0] [1] [2] [3] [4] [5] [6] [7] [8] [9]
	[0] [1] [2] [3] [4] [5] [6] [7] [8] [9]
	[0] [1] [2] [3] [4] [5] [6] [7] [8] [9]
	[0] [1] [2] [3] [4] [5] [6] [7] [8] [9]
	[0] [1] [2] [3] [4] [5] [6] [7] [8] [9]

考点	[0] [1] [2] [3] [4] [5] [6] [7] [8] [9]
	[0] [1] [2] [3] [4] [5] [6] [7] [8] [9]
	[0] [1] [2] [3] [4] [5] [6] [7] [8] [9]

你是华裔吗？

年龄	[0] [1] [2] [3] [4] [5] [6] [7] [8] [9]
	[0] [1] [2] [3] [4] [5] [6] [7] [8] [9]

是 [1]　　　　不是 [2]

学习汉语的时间：

1年以下 [1]　　　1年—2年 [2]　　　2年—3年 [3]　　　3年以上 [4]

注意	请用2B铅笔这样写：▬

一、听力

1. [√] [×]　　6. [√] [×]　　11. [A] [B] [C] [D]　16. [A] [B] [C] [D]　21. [A] [B] [C] [D]
2. [√] [×]　　7. [√] [×]　　12. [A] [B] [C] [D]　17. [A] [B] [C] [D]　22. [A] [B] [C] [D]
3. [√] [×]　　8. [√] [×]　　13. [A] [B] [C] [D]　18. [A] [B] [C] [D]　23. [A] [B] [C] [D]
4. [√] [×]　　9. [√] [×]　　14. [A] [B] [C] [D]　19. [A] [B] [C] [D]　24. [A] [B] [C] [D]
5. [√] [×]　　10. [√] [×]　15. [A] [B] [C] [D]　20. [A] [B] [C] [D]　25. [A] [B] [C] [D]

26. [A] [B] [C] [D]　31. [A] [B] [C] [D]　36. [A] [B] [C] [D]　41. [A] [B] [C] [D]
27. [A] [B] [C] [D]　32. [A] [B] [C] [D]　37. [A] [B] [C] [D]　42. [A] [B] [C] [D]
28. [A] [B] [C] [D]　33. [A] [B] [C] [D]　38. [A] [B] [C] [D]　43. [A] [B] [C] [D]
29. [A] [B] [C] [D]　34. [A] [B] [C] [D]　39. [A] [B] [C] [D]　44. [A] [B] [C] [D]
30. [A] [B] [C] [D]　35. [A] [B] [C] [D]　40. [A] [B] [C] [D]　45. [A] [B] [C] [D]

二、阅读

46. [A] [B] [C] [D] [E] [F]　51. [A] [B] [C] [D] [E] [F]
47. [A] [B] [C] [D] [E] [F]　52. [A] [B] [C] [D] [E] [F]
48. [A] [B] [C] [D] [E] [F]　53. [A] [B] [C] [D] [E] [F]
49. [A] [B] [C] [D] [E] [F]　54. [A] [B] [C] [D] [E] [F]
50. [A] [B] [C] [D] [E] [F]　55. [A] [B] [C] [D] [E] [F]

56.　　　　58.　　　　60.　　　　62.　　　　64.

57.　　　　59.　　　　61.　　　　63.　　　　65.

66. [A] [B] [C] [D]　71. [A] [B] [C] [D]　76. [A] [B] [C] [D]　81. [A] [B] [C] [D]
67. [A] [B] [C] [D]　72. [A] [B] [C] [D]　77. [A] [B] [C] [D]　82. [A] [B] [C] [D]
68. [A] [B] [C] [D]　73. [A] [B] [C] [D]　78. [A] [B] [C] [D]　83. [A] [B] [C] [D]
69. [A] [B] [C] [D]　74. [A] [B] [C] [D]　79. [A] [B] [C] [D]　84. [A] [B] [C] [D]
70. [A] [B] [C] [D]　75. [A] [B] [C] [D]　80. [A] [B] [C] [D]　85. [A] [B] [C] [D]

86.

87.

88.

89.

90.

91.

92.

93.

94.

95.

96.

97.

98.

99.

100.

新 HSK（四级）考试要求及过程

一、HSK（四级）考试要求

1. 考试前，考生要通过《新汉语水平考试大纲 HSK 四级》等材料，了解考试形式，熟悉答题方式。

2. 参加考试时，考生需要带：身份证件、准考证、2B 铅笔、橡皮。

二、HSK（四级）考试过程

1. 考试开始时，主考宣布：

> 大家好！欢迎参加 HSK（四级）考试。

2. 主考提醒考生（**可以用考生的母语及其他有效方式**）：

（1）关闭手机。

（2）把准考证和身份证件放在桌子的右上方。

3. 之后，主考宣布：

> 现在请大家填写答题卡。

主考示意考生参考准考证（**可以用考生的母语及其他有效方式**），用铅笔填写答题卡上的姓名、国籍、序号、性别、考点、年龄、你是华裔吗、学习汉语的时间等信息。

关于华裔考生的概念，可解释为：父母双方或一方是中国人的考生。

4. 之后，主考请监考发试卷。

5. 试卷发完后，主考向考生解释试卷封面上的注意内容（**可以用考生的母语及其他有效方式**）。

注 意

一、HSK（四级）分三部分：
1. 听力（45题，约30分钟）
2. 阅读（40题，40分钟）
3. 书写（15题，25分钟）
二、听力结束后，有5分钟填写答题卡。
三、全部考试约105分钟（含考生填写个人信息时间5分钟）。

6. 之后，主考宣布：

请打开试卷，现在开始听力考试。

主考示意考生把试卷上的密封条打开（**可以用考生的母语及其他有效方式**）。

7. 主考播放听力录音。

8. 听力播放结束后，主考宣布：

主考提醒考生把答案写在答题卡上（**可以用考生的母语及其他有效方式**）。

现在请把第1到45题的答案写在答题卡上，时间为5分钟。

9. 5分钟后，主考宣布：

现在开始阅读考试。考试时间为40分钟。

10. 阅读考试还剩5分钟时，主考宣布：

阅读考试时间还有5分钟。

11. 阅读考试结束后，主考宣布：

现在开始书写考试。考试时间为25分钟。**请用铅笔直接把答案写在答题卡上。**

主考提醒考生用铅笔直接把答案写在答题卡上（**可以用考生的**

母语及其他有效方式）。

12. 书写考试还剩 5 分钟时，主考宣布：

书写考试时间还有5分钟。

13. 书写考试结束后，主考宣布：

现在请监考收回试卷和答题卡。

14. 主考清点试卷和答题卡后宣布：

考试现在结束。谢谢大家！再见。

图书在版编目（CIP）数据

新HSK汉语学习与考试教程. 综合练习. 四级 / 杨书俊, 张洁主编. — 北京：中国人民大学出版社，2014.1

ISBN 978-7-300-18670-2

Ⅰ.①新… Ⅱ.①杨… ②张… Ⅲ.①汉语—对外汉语教学—水平考试—自学参考资料 Ⅳ.①H195

中国版本图书馆 CIP 数据核字（2014）第317352号

新 HSK 汉语学习与考试系列教程

新HSK汉语学习与考试教程　综合练习（四级）

杨书俊　张　洁　主编

Xin HSK Hanyu Xuexi yu Kaoshi Jiaocheng Zonghe Lianxi (Si Ji)

出版发行	中国人民大学出版社	
社　　址	北京中关村大街31号	**邮政编码**　100080
电　　话	010-62511242（总编室）	010-62511770（质管部）
	010-82501766（邮购部）	010-62514148（门市部）
	010-62515195（发行公司）	010-62515275（盗版举报）
网　　址	http:// www. crup. com. cn	
	http:// www. lkao. com.cn（中国1考网）	
经　　销	新华书店	
印　　刷	北京宏伟双华印刷有限公司	
规　　格	185 mm×260 mm　16开本	**版　次**　2015 年6月第1版
印　　张	19.5	**印　次**　2015 年6月第1次印刷
字　　数	248 000	**定　价**　58.00 元（附赠光盘）